Samuel Christian Hollmann

Die Georg-Augustus-Universität zu Göttingen, in der Wiege,

in ihrer blühenden Jugend, und reifererm Alter

Samuel Christian Hollmann

Die Georg-Augustus-Universität zu Göttingen, in der Wiege,
in ihrer blühenden Jugend, und reifererm Alter

ISBN/EAN: 9783743490031

Hergestellt in Europa, USA, Kanada, Australien, Japan

Cover: Foto ©ninafisch / pixelio.de

Manufactured and distributed by brebook publishing software
(www.brebook.com)

Samuel Christian Hollmann

Die Georg-Augustus-Universität zu Göttingen, in der Wiege,

Fragment
einer Geschichte

der

Georg-Augustus-Universität
zu Göttingen.

———————————

Göttingen,
bey Vandenhoek und Ruprecht. 1787.

Nicht mehr als diese sieben Bogen waren abgedruckt worden, als es der Vorsehung gefiel, den Verfasser, den um die Wissenschaften und um hiesige Universität sehr verdienten Herrn Professor **Hollmann**, aus dieser Welt zu nehmen.

Wäre die Fortsetzung in der Handschrift so weit ausgearbeitet gewesen, daß sie hätte gedruckt werden können, so würde ichs für meine Pflicht gehalten haben, den Abdruck zu besorgen; aber die hinterlassenen Papiere sind nur einzelne unverarbeitete Materialien, nur Zettel, kleine Nachrichten und einige gedruckte Sachen, welche dem sel. Herrn Verfasser zur Erinnerung dienen solten.

Vorrede.

Alles, was ich also hiebey thun kan, ist, daß ich, auf dringendes Verlangen sehr vieler Gönner und Freunde, diese abgedruckten Bogen, mit einem Titelblatt, jedem, der sie zu haben wünscht, zukommen lasse, und daß ich dafür sorge, daß die von dem sel. Herrn Prof. Hollmann gesamleten Nachrichten zur Fortsetzung dieser Geschichte, zum Gebrauch eines künftigen Geschichtschreibers, aufbehalten werden.

Göttingen, den 25 Novemb. 1787.

Joh. Beckmann.

Die
Georg-Augustus-Universität

zu Göttingen,

in

der Wiege,

in Ihrer

blühenden Jugend,

und

reiffererm Alter.

Mit unpartheiischer Feder entworfen

von

Einem Ihrer Ersten,

und nun allein noch übrigem,

Academischem Lehrer.

Göttingen,
In Abraham Vandenhoek und Ruprechts
Buchhandlung. 1787.

Vorrede.

Göttingen ist in der Gelehrten und Ungelehrten Welt heutiges Tages so bekannt, daß es überflüßig scheinen könnte, weitere Erklärung darüber zu geben. Man kann das Wort jedoch, entweder von der Stadt selbst, oder der vor einiger Zeit daselbst errichteten Hohenschule, annehmen. In Erstrem Verstande ist eine so weitkäuftige, aus drey Theilen in 4. bestehende, Beschreibung, in den Jahren 1734=38. schon davon herausgekommen, daß wenige Städte in hiesigen Landen dergleichen dürften aufzuweisen haben. In diesem Verstande haben wir also weiter nichts davon zu sagen, als denen zu Gefallen, die dieses Werk nicht selbst

selbst in Händen haben, von den merkwürdigsten, und in die entlegenste Zeiten sich erstreckenden, Umständen hin und wieder nur etwas zu berühren, was zu besserer Aufklärung der vorhabenden Erzehlungen etwan dienen kann.

Eine ganz andere Beschaffenheit hat es, wenn wir die, vor einigen Jahren allhier errichtete, Hoheschule (Universität) darunter verstehen. So bekannt, und auf eine gewisse Art berühmt, Göttingen, auch in diesem Verstande, vorlängst geworden ist; so wenig wird man doch eine zusammenhangende Geschichte davon irgendwo finden: und in Göttingen selbst werden jetzt wohl wenige mehr vorhanden seyn, die von den fürnehmsten, ehedem alhier vorgefallenen, Umständen richtigen und zuverläßigen Bericht ertheilen könnten. Vielleicht hat dieses auch Gelegenheit gegeben, daß einige der vornehmsten und berühmtesten Mitglieder der Universität den Verfasser vor einiger Zeit aufzumuntern gesucht

Vorrede.

sucht haben, von dem, was Er selbst alhier erlebet hat, einige Nachricht Ihnen zu hinterlassen: da Er, als das Erste und Aelteste Mitglied der Universität, der die übrigen alle nach und nach überlebet hat, allein noch im Stande wäre, etwas Zuverläßiges davon mitzutheilen. Da dieses nun den Verfasser veranlasset hat, nach einer harten und lange angehaltenen Unpäßlichkeit, am Ende von 1784. die Feder zu ergreiffen; so hat Er bey den darauf erfolgten langen Winterabenden, aus seinen noch vorhandenen Papieren, und andern bey der Hand habenden Quellen, denjenigen Theil dieser Nachrichten zusammenzutragen angefangen, die sich über die beyden Ersten Perioden dieser so merkwürdigen Geschichte erstrecken, die Er daher, als die Kindheit, und blühende Jugend, der Universität ansieht: denen Er das übrige, so Er sich zugleich fürsetzete, wenn es der Göttlichen Fürsehung gefallen sollte, Zeit, Muth, und Kräfte, Ihm dazu zu verleihen, noch hinzuzusetzen Willens war. Wenn man in dieser

ser Absicht nun die Universität als einen nach und nach anwachsenden Cörper betrachtet, der zu Göttingen seinen Aufenthalt gefunden; so läſſet ſich alles von ſelbſt leicht verſtehen, und erklären, was, Kürze halber, auf dem Titelblat mit verblühmten Worten geſagt iſt.

Ernſtlicher jedoch von der Sache zu reden, ſo läſſet ſich alles, was bey der Univerſität, von Ihrem Erſtem Anfang an, biß zu unſern Zeiten, ſich merkwürdiges zugetragen hat, in vier Haupt-Perioden füglich zuſammenfaſſen, davon die

Erſte, von dem Urſprung, und Erſtem Anfange, der Univerſität an, bis auf die, 1737. erfolgte, feyerliche INAUGURATION (incluſive) ſich erſtrecke; Die

Zweyte, von eben dieſer Inauguration an, biß zu dem ſo merkwürdigem Zeitpunkte gehe, da der König GEORG II. Glorw. And. mit seiner allerhöchſten Gegenwart Göttingen 1748.

1748. begnadiget, und alle Ihre Feyerlichkeiten mit angesehen hat; Die

Dritte, von diesem so unvergeßlichem Zeitpunkt an, bis auf die allhier errichtete Societät der Wissenschaften, und nicht lange hernach geschehene Französische *Invasion*, und was selbiger anhängig ist, sich erstrecke; Und endlich die

Vierte, von dem Ende dieser unglücklichen Begebenheiten an, biß auf die im vorigem Jahr erfolgte höchst beglückte Ankunft der Königlichen Prinzen allhier, und die, in diesem Jahr bevorstehende, Gott gebe glückliche, halbhundertjährige Feyer der Universität, gehe.

Da von diesen Vier Perioden nun die beyden Ersten der Vergessenheit am meisten ausgesetzt seyn musten; so hat dem Verfasser nicht undienlich zu seyn geschienen, von der Stadt selbst dasjenige, was zu besserm Verständniß noch nöthig seyn möchte, kürzlich hier beyzufügen.

Göttingen

Göttingen ist freylich wohl eine der ältesten Städte in den hiesigen Landen mit: wenn Ihr Alter gleich biß auf *Caroli M.* Zeiten sich nicht erstrecken sollte. Man hat inzwischen Beweise genug, daß schon zu BONIFACII, (des sattsam bekannten Thüringer- und der angrenzenden Sachsen-Apostels,) Zeiten, wo sie nicht schon ein ansehnlicher Flecken, doch wenigstens ein wohnhafter Ort, gewesen, wohin *Bonifacius* mit seinen Gehülfen auch gekommen: die denn zwischen dem Heynberge und der Leine, in die Ehre des, von den heydnischen Sachsen auf dem Eichsfelde erschlagenen ALBANI, eine Art von Capelle errichtet haben, welche, nach ihrer nach und nach geschehenen Erweiterung, in die mit Neuen Mauren und Graben umgebene Stadt, ist mit hinein gezogen worden; (an welcher alten Stelle sie noch jetzt befindlich ist:) wo, zum unvergeßlichem Andenken ihrer Ersten Stiftung, das Bild eines, mit seinem krummen Stabe und hohen Mütze gezierten Bischofs, nebst der Umschrift *S. Alban*; in ihrer

Wind=

Vorrede.

Wind-und Wetter-Fahne, (auch nach ihrer 1726. geschehenen letzteren Erneuerung), sich noch zeiget.

Von der, in der Nähe der Stadt, auf dem sogenannten Hagen, ehedem gelegenen, und in den ältesten Nachrichten so berühmten Burg, Grona, (oder Grohnde,) ließe sich hier vieles sagen, was aus unleugbaren, und in gedachter Beschreibung der Stadt befindlichen, Archivischen Nachrichten genugsam erwiesen, und bestätiget, ist, wenn der Ort es hier litte. Man muß sich also begnügen, mit wenigen nur zu berühren, was ausser allem Streit daselbst gesetzet ist: daß eine der ältesten Kayserlichen, sogenannten, Pfalze *(Palatium)* ehedem daselbst gestanden, wo auch Kayser *Heinrich II.* selbst sich öfters aufgehalten; von dessen hinterlassenen Bedienten und Stadthaltern aber die Göttinger mit plündern, rauben, morden, Viehwegtreiben, u. s. w. sehr oft dergestalt geplaget worden, daß sie, die Waffen gegen sie zu ergreifen, mehr als einmahl sich genöthiget

get gesehen: wodurch es denn endlich so weit einmahl gekommen, daß die Burg selbst biß auf den Grund von Ihnen zerstöret worden; darüber sie aber, wegen der dabey befindlichen Capelle, von dem Erzbischof zu Maynz, zu dessen Sprengel sie gehört, in den Bann gethan worden: woraus sie sich nicht anders, als mit schweren Kosten, und Wieder-Erbauung der Capelle, endlich haben heraushelfen können.--- Das noch jetzt zu Grohnde übrige, so genannte Hohe Lein-Gerichte, so vom Königl. und Churfürstl. Gerichtsschulzen zu Göttingen daselbst, biß diese Stunde, über die herumliegende Dorfschaften noch verwaltet wird, und ehedem unter freyem Himmel, bey der unweit der Leine auf einer kleinen Anhöhe stehenden hohen Linde gehalten worden; der von derselben nach Grohnde, und dem Hagen selbst, gehende, ehedem wohlbepflasterte, und biß diese Stunde noch so genannte, Königs-Stieg (oder Steig); die auf demselben Hagen noch übrigen Trümmer, der ehemals daselbst gestandenen

Vorrede.

denen Burg, die beym Umpflügen des daben befindlichen Ackers, noch öfters zum Vorschein kommen, wovon vor einigen Jahren noch beträchtliche Stücke von Dachziegeln, und halbverfaulten Holz, in des Verfassers Gegenwart aus der Erde sind gegraben worden *); nebst dem, einer der vornehmsten Gassen der Stadt, und dem nahe daran liegendem Thor, beygelegtem Nahmen, so biß diese Stunde noch fortdauren; sind unleugbare Ueberbleibsel dieser Alterthümer: die aber immer mehr und mehr in eine sträfliche Vergessenheit gerathen **).

Die

---

*) Wie derselbe nemlich Willens war, wegen der fürtreflichen Aussicht, eine Art von Sommerbehältniß daselbst errichten zu lassen, und, zum Andenken der, nach der bekannten Mindener Schlacht von 1759. in grosser Menge hier vorbey nach Cassel fliehenden Französischen Völker, eine Marmortafel mit anzubringen, wozu von einem, noch lebenden, geschickten Mauermeister, der Riß und Anschlag schon gemacht waren: welches jedoch, wegen vieler dazwischen gekommenen Schwierigkeiten, hernach hat unterbleiben müssen.

**) Sonderlich, da bey den, nach und nach hieher gekommenen

Die in der Stadt selbst noch vorhandenen Denkmähler zeugen zwar von einem so hohem Alter nicht, geben aber doch unleugbare Beweise von dem Ansehen mit ab, in welchem sie ehedem gestanden ——. So hatten ꝛ. E. einige Ihrer Landesfürsten eine Burg darin angeleget, so man den Voll- oder Vallrutz genant, wo Zusammenkünfte mit andern Fürstl. Personen, Fürstliche Beylager, und andere Fürstliche Lustbarkeiten, oft gehalten sind; wobey Sie auch von der Stadt selbst, nach damaliger Art, oft herrlich sind bewirthet worden: biß nach einiger Zeit, bey Gelegenheit einer mit Ihren Fürsten entstandenen Fehde, diese in derjenigen Gegend der Stadt ehedem gelegene Burg, wo die so genannten Hardenberger- und Druchtlebenschen

kommenen, vielen fremden Einwohnern, und dadurch mehr und mehr ausgebreiteten Obersächsischen (Thüringischen) Mundart viele oft nicht gewußt, ob sie Grohner= Gröner= oder Grühner=Gasse, und Thor, sagen solten.

benschen Höfe sich jetzt befinden, von den Göttingern biß auf den Grund zerstöret, und die Steine davon zur Erweiterung und Besserung ihrer Stadt=Mauren sind verwendet worden; von welchem allem die, nach dieser Gegend der Stadt gehende, Hauptstrasse, den Nahmen der Burgstrasse noch bis diese Stunde führet. Eben so war der, nicht weit davon gelegene, Platz den Fürstlichen, mit vieler Pracht ehedem allhier gehaltenen, Turnieren, und andern Lustbarkeiten, gewidmet, der den Nahmen des Freudenbergs daher erhalten hatte; (wo selbst, beym Anfange der Universität, die jetzige Reitbahne angeleget ist:) wenn auch eben nicht erweißlich seyn solte, daß von Heinrich dem Vogler, nachdem Er die gantz Teutschland so grausam verwüstende Hunnen aufs Haupt geschlagen, mit seinen dabey gewesenen Helden, das Erste Turnier daselbst gehalten worden. Daß die Stadt hernach in dem dreissigjährigem Kriege den Kayserlichen Generalen, Tilly, Pappenheim, und andern, mit grossem Muthe

wieder-

wiederstanden, aber auch grosse Drangsale darüber erlitten habe, und von ihrem alten Flor dadurch sehr heruntergesetzet worden, ist in dem Werke selbst an seinem Ort schon berühret, und daher hier zu wiederholen unnöthig.

Daß übrigens, bey diesem allem, Göttingen ehedem auch ein rechtes Mönchs = und Pfaffen-Nest gewesen sey, zeugen noch heutiges Tages verschiedene Ueberreste davon zur Genüge, zu welchen unsere Universitäts-Gebäude, die von Pauliner=Mönchen im Anfang des vierzehnten Jahrhundert zum Theil erbauet worden, selbst mit gehören; von welchem allem in ihrer obgedachten Kirchen-Geschichte die nöthigsten Nachrichten zu finden sind.

Göttingen den 18 May 1787.

Erste Periode.

Vom Anfange der Universität A. 1734. biß 1737.

Daß die Stadt Göttingen ziemlich alt, und zu den Aeltesten der hiesigen Lande zu zählen sey, setzet man hier billig, als bekannt und ausgemacht, voraus; da solches sonderlich von Andern, mit vielem Fleiß und Belesenheit, längst erwiesen ist a). Ob sie von den Gothen zuerst angelegt, auch von denselben ihren Nahmen erhalten habe, oder woher solcher wahrscheinlicher Weise entstanden sey, kann uns hier auch gleich viel seyn, da es zu unsern Untersuchungen und Vorhaben wenig beyträgt. Doch findet man von ihrem hohen Alter, und verschiedenen, in den ältesten Zeiten vorgegangenen, wichtigen Veränderungen, sowohl in der Stadt selbst, als den umliegenden Gegenden, noch sehr zuverläßige Denkmahle.

a) In den vor vielen Jahren nemlich bekannt gemachten drey Theilen der Beschreibung von Göttingen, deren hernach öfters zu gedenken seyn wird.

mahle. Daß sie auch in dem, für ganz Teutschland so unglücklichen, dreyßigjährigem Kriege sehr vieles mit gelitten habe, bestättigen nicht allein nur gedachte Nachrichten, sondern auch einige, biß diese Stunde noch übrig gebliebene, Spuren der, von verschiedenen Kriegsvölkern verübten Wuth, und Gewalt, und die dadurch entstandene so merkliche Verminderung ihrer ehemahligen Bürger und Einwohner; die nachher auch den vorigen Flor und Wohlstand nie wieder erreichet haben. Daß sie unter den so genannten Hansestädten aber ehedem einen Platz mit gefunden, wird denjenigen sonderlich sehr unwahrscheinlich vorkommen, die gemeiniglich, (obgleich ohne zureichendem Grunde) glauben, daß nur an offenen Weltmeeren liegende, oder doch mit diesen in einem genauen Commerz stehende, Städte dahin gehört: wovon doch Eines so wenig, als das Andere, von Göttingen konnte gesagt werden, von ihrem ehemahligen Wohlstande aber doch einen sichern und unleugbahren Beweis abgiebet b).

Von diesem ihrem so blühendem Zustande war sie nun nach und nach so weit herunter gesunken, daß bey dem entstandenen ersten Gerüchte, daß eine neue Universität daselbst angelegt werden sollte, auch unter Gelehrten selbst wohl die Frage nicht ungewöhnlich war: wo denn dieses Göttingen in der Welt eigentlich läge, und wem es zugehörete? und unsers seel. Heumanns Nahme, der durch verschiedene Schriften

---

b) Von welchem allem in den verschiedenen Theilen vorgedachter Beschreibung die unleugbarsten, und aus zuverläßigen Documenten, und Archivischen Nachrichten, gezogene Beweise, sich finden, die eines aufmerksamen Lesers wohl werth sind.

von 1734. biß 1737.

Schriften sich schon bekannt gemacht hatte, war fast der einzige, der es aus seiner Dunkelheit noch in etwas hervorzog c). Um so viel größer war also unter Gelehrten und Ungelehrten die Neugierde, nähere Nachricht von der Anlage dieser Neuen Universität zu erhalten, als in den Lateinischen *Actis Eruditorum* die Erste zuverläßige Nachricht davon zum Vorschein kam, wodurch denn diese Begierde zum Theil ziemlich gestillet wurde d).

Doch

c) Die, vor Anlegung der Universität von ihm herausgegebene, kleinen Schriften waren jedoch nur gemeiniglich bey verschiedenen Gelegenheiten geschriebene *Programmata*, oder andere dergleichen Localschriften, welche die Direction des unter Ihm stehenden *Paedagogii* veranlasset hatten, und also auswärts nicht sehr bekannt geworden; und selbst die, unter seinem Vorsitz von den Gymnasiasten gehaltene Disputationen waren ausser Göttingen wohl nicht sehr verbreitet worden. Die, in der Regnerischen Buchhandlung zu Halle aber seit 1715. Stückweise schon herausgekommene, Teutsche *Acta Philosophorum* waren zwar auch zum Theil von Ihm; es blieb aber doch lange unbekannt, wer die Hauptverfasser davon wären. Göttingen blieb also noch immer, in der Gelehrten und Politischen Welt, ein sehr wenig bekannter Nahme.

d) Dieses geschah in diesen Lateinischen *Actis* 1734. allwo solche p. 884. unter folgender Ueberschrift stehet: Potentissimi *Magnae Britanniae Regis*, S. R. I. Principis Electoris, GEORGII II. Institutum, condendi *Novam* in terris Brunsuicensibus *Academiam*, literato orbi, autoritate Superiorum, exponit Jo. DAN. GRVBER, *Sacrae Regiae Majestatis ab Aulicis Consiliis.* Man konnte sich daher über diejenigen, denen dieses nicht unbekannt seyn konnte, nicht genug wundern, die dennoch wohl in öffentlichen Gesellschaften (auch in Leipzig selbst) sich

Erste Periode.

Doch dieses betraf, die Wahrheit zu gestehen, diejenigen nur, die entweder solche Lateinischen *Acta* zu lesen Gelegenheit hatten, oder von andern davon konnten belehret werden. Wer sonst aber einige Nachricht von dem Ort hätte, oder geben konnte, der machte eine so unangenehme Vorstellung gemeiniglich davon, daß ein Nahmhafter Buchhändler in Leipzig, der des Verfaßers A. 1733. herausgegebenes Teutsche Werk,

sich nicht scheueten, die Göttingische Universität für ein bloßes Werk eines Ministers auszugeben, das nicht lange bestehen würde. Auſſer, daß des Königs hoher Nahme in dieser Bekanntmachung ausdrücklich angeführet worden, hatte Hr. Gruber, (der, bekannter Maßen Königlicher Hofrath, Bibliothecarius, und Historiographus zu Hannover, war) in dieser Anzeige zum Ueberfluß noch gesagt, daß sie *Autoritate Superiorum* geschähe, auch in derselben weiter erwehnet, daß schon den 13 Jan. 1733. die erforderliche Kayserliche Genehmigung, und Privilegien, zu ihrer Errichtung ausgefertiget worden. IS (*Caesar Augustissimus*) heißt es nemlich, jam *superiori* anno, scripto die 13. Jan. amplissimo *Diplomate*, voluntatis suae atque assensus pronissimi benignissimam significationem dedit. Wenn unter andern aber, eben daselbst, mit angeführet wird, daß der König Göttingen, (Vetus ad subsidentes Hercynici saltus radices Municipium) — & *situs* opportunitate, & *coeli* clementia, & *loci* amplitudine, & *frequentia* civium, & *rerum* omnium ad victum necessariarum *abundantia*, inuitatus, dazu gewählet hätte; so hatten diese Umstände zwar, größten Theils, ihre gute Richtigkeit; von dem letzten aber mochte damahls doch der König wohl zu milde berichtet seyn: und von guten und bequemen Wohnungen, für Lehrer, und Lernende, die zu Errichtung einer Universität doch wohl unentbehrlich nöthig waren, wird mit keinem Worte gedacht.

Werk, von Gott und der Schrift, in Verlag genommen hatte, und 1734. bey seiner Gegenwart in Leipzig von ihm vernahm, daß Er nach Göttingen gehen würde, sich nicht entbrechen konnte, Ihm ins Gesicht zu sagen, daß Er da in eine rechte Barbarey käme, und es Ihn gereuen würde, daß er dahin gegangen wäre: welches der Verfaßer aber, (da einmahl *Alea jacta* war), für eine bloße Wirkung des Neides ansahe. (Weil der seel. Gesner inzwischen den Ruf dahin auch bekommen und angenommen hatte, so ließ er, um diesem üblen Gerüchte, so viel möglich, zu steuren, zum Lobe von Göttingen ein Lateinisches Gedicht drucken; welches Ihn jedoch hernach, (wie er sich oft nicht undeutlich merken ließ,) wohl gereuen mochte, da er bey den damahligen, noch unꝛ ſitteten, Göttingern in vielen Stücken das Gegentheil mochte angetroffen haben.

Nachdem des Verfaſſers Vocation zur *Profeſſione Logices* und *Metaphyſices* nun zu Hannover den 7. Apr. 1734. *ad Mandatum Regis & Electoris* ausgefertiget, und von einem Hrn. von Hardenberg unterſchrieben, Ihme zugeſtellet worden, war ausdrücklich Ihm darin anbefohlen, ſeine Einrichtung dergeſtalt zu machen, daß Er um bevorſtehenden Michaelis zu Göttingen ſeyn, und den Anfang ſeiner Lectionen daſelbſt machen könnte; zu dem Ende Ihm denn 200 Rthlr. zu ſeiner Reiſe zugleich angewieſen wurden. Was für Anſtalt der Verfaſſer zu Wittenberg hierauf gemacht, was für Beſchwerlichkeiten Ihn dabey betroffen, ſonderlich da Er noch eine neue Wohnung vorher auf etliche Monate beziehen mußte, und eine Neue und ſehr vermehrte Ausgabe ſeiner, etliche Jahre vorher ſchon einmahl edirten,

edirten, *Logic* und *Metaphysic*, gegen die leipziger Oster-Meße zu besorgen hatte, (die Er auch, auf die von Hannover erhaltene Erlaubniß, dem Könige selbst dedicirte); endlich was, bey einer so großen Veränderung, und dabey zu besorgenden Zurüstungen, fast täglich für Schwierigkeiten aufgestossen, läßt sich mit wenigen Worten nicht beschreiben, und würde hieher auch wohl nicht gehören. Nur die kurz vor seiner Abreise vorgefallene Festivität, die in Wittenberg sonst nicht sehr gewöhnlich war, läßet sich mit Stillschweigen nicht wohl übergehen: da am Sontage vorher, nach geendigtem Gottesdienste, bey einem, seinen zurückbleibenden Freunden gegebenem, großem Gastmahle, Zweye der daselbst Studirenden Chöre, vor seiner, auf der Mittelstrasse liegenden damahligen Wohnung, von beyden Enden der Stadt, mit Pauken und Trompeten zusammenstiessen, und mit einer solennen Music, und durch einige dazu abgeordneten Mitglieder, ihren Glückwunsch abstatten liessen. Der einige Tage darauf unter einer ansehnlichen Begleitung beyderley Geschlechts, zu Wagen und zu Pferde, erfolgte Abzug war eben so merkwürdig. Da die Reise über Coßwick, einem, in den nächstangrenzenden Anhaltischen Landen (zwey kleine Meilen von Wittenberg) liegendem Städchen, angesetzet war; so war von derselben Begleitung nicht allein in einem, nicht weit vom Thor liegendem, geräumlichen Gasthofe ein großes Gastmahl bestellet, sondern die ganze Begleitung ward auch bey Ihrer Ankunft mit Pauken und Trompeten daselbst bewillkommet, von einigen dazu bestellten Marschällen empfangen, zu der auf einem großen Saal schon fertig stehenden Tafel geführt, und dabey bedienet, nach aufgehobe-

von 1734. biß 1737.

ner Tafel aber getanzet, biß die Zeit des ziemlich rührenden Abschieds herbey kam, und die Reise über Roßlau und Deßau weiter fortgesetzet werden muste: wohin auch ein Theil der Begleitung noch mit folgte. Auch dieses sind zwar Dinge, die hieher nicht wohl gehören, waren aber doch mit so vielen merkwürdigen Umständen begleitet, und bey einem Abschiede von einer Universität, wie Wittenberg ist, so ungewöhnlich, daß man dem Verfasser es wohl nicht verdenken kann, wenn Er deren Andenken einige Zeilen allhier gewidmet f). Alle die hiebey vorgefallene heftige Gemüthsbewegungen konnten den Verfasser jedoch nicht hindern, diese mit Ihm vorgehende Veränderung als Wirkungen einer besondern Göttlichen Fürsehung anzusehen, die Ihm ein weiters Feld hierdurch eröffnete, seinen angefangenen Lauf frey und ungehindert fortzusetzen; wozu Er, aus verschiedenen Ursachen, keine grosse Hoffnung bißher vor sich gesehen hatte.

Die von Coßwick über Deßau angetretene Reise gieng nun dergestalt glücklich, und ohne grosse Beschwerlichkeit, ferner von Statten; weil der Verfasser, seinem in Wittenberg angenommenem Fuhrmann,

---

f) Sonderlich, da man diese so ausserordentliche Ehrenbezeigungen nicht eben als einen Ueberrest der vom Verfasser bis dahin genossenen Freundschaft und Liebe, sondern als Wirkungen, vielmehr, einer Ehrerbiethung anzusehn Ursache hat, die man einem, in ihrem Schoosse gleichsam erzogenen, und nun vom Könige in England zu seiner neu anzulegenden Universitä+ berufenem, in solchen Diensten auch nun würklich stehendem, Lehrer, bezeigen wollte: daher sie auch in dieser Betrachtung nicht unbillig einen Platz allhier verdienen.

mann, mit dem die ganze Reise verdungen war, und der dieser Gegenden ziemlich kundig zu seyn vorgab, lediglich überließ, wohin, und wie weit, er mit seinem eigenem Geschirr alle Tage fahren wollte: so daß wir d. 30 Sept., als den Tag nach Michaelis, glücklich in Göttingen anlangten.)

So bald wir aber, noch vorher, dem nächst gelegenen Dorf, Geißmar, uns genähert, und den so prächtig in die Luft steigenden Jakobs Thurm von der Stadt erblickten, und daher glaubten, daß wir schon in einer Vorstadt davon uns befänden, entstand bey uns allen eine große Freude; die sich bald aber in ein Trauren wieder verwandelte, so bald wie aus dem Dorf heraus kamen, und nun erst durch das Geißmarthor, und dadurch in die, nicht viel beßer als ein Dorf damahls aussehende, Geißmar lange Straße hinfuhren. Auf geschehene Nachfrage, führte man uns nach dem, damahls in der Stadt befindlichem, mäßigem Gasthofe; g) wo wir auch unsern, etliche Tage vorher von Wittenberg vorausgeschickten, und stark befrachteten, Lastwagen zu unser nicht geringen Freude schon wohlbehalten antrafen. Doch declarirte uns der Wirth, der sonst noch höflich genug war, h) sogleich bey unsrer Ankunft,

g) Der nemlich auf derselben Stelle lag, wo, einige Jahre nachhero, der, von jenem weit unterschiedene, Neue, die sogenannte Crone, ist erbauet worden.

h) Diesen Gastwirth hieß man damahls noch den Spanier, weil er in seiner Jugend, vielleicht in Spanien einmahl mochte gewesen seyn; so wie man einen Schuster, den Pohlnischen Schuster, noch nannte, weil er auf seiner Wanderschaft auch Pohlen

kunft, daß, weil der Wagen einen grossen Theil seines Hausfluhrs einnahm, und daher kein ander Fuhrwerk, so bey ihm einkehren wollte, Platz finden würde, wir, so bald möglich, nach einer andern Gelegenheit uns umsehen möchten, wo wir nach unser Bequemlichkeit solchen könnten hinbringen und abladen lassen. Diese Forderung schien auch dem Verfasser eben so billig, als leicht zu befolgen zu seyn, da von Hannover aus die Versicherung ihm war gegeben worden, daß man zwey Häuser für ihn in Beschlag nehmen lassen, davon Er, bey seiner Ankunft, Eines, so Ihm am besten gefiele, selbst wählen könnte.

Ehe wir in unserer Erzählung aber weiter gehen, müssen wir hier ein wenig stille stehen, um diesen Umstand gehörig zu erläutern. Da dem Verfasser in der Vocation 500. Rthlr. zu seinem Jährlichen Gehalt ausgesetzt waren, und Er sich darauf erkundigte, ob man auch einige Naturalien, als freye Wohnung, u. dgl. dabey zu geniessen haben würde, wurde beydes zwar verneinet, dabey aber doch versprochen, daß, wenn Er sonst keine Bekanntschaft in Göttingen hätte, man für eine bequeme Wohnung von dort aus wollte sorgen lassen. Der Verfasser, der einer fremden Willkühr sich hierin nicht gerne überlassen wollte, suchte daher einen andern und sichern Weg dazu einzuschlagen. Er schrieb

---

len mochte gesehen haben: der diesen Titel seinem Sohne, von gleicher Profeßion, der lange nach unserer Ankunft noch lebete, so gar mit aufgeerbet hatte. Ein Zeichen, wie wenig die Göttinger ausser ihren Ringmauren sich in der Welt ehedem müssen umgesehen haben.

schrieb also an seinen vertrauten Freund, den vor kurzem als Erster Lutherscher Prediger nach Caßel gekommenen, seel. Schloßer, mit dem Er über diese Göttingische Vocation ohnehin schon verschiedene Briefe gewechselt hatte: weil Er seine ganze Haushaltung, und Einrichtung, von Wittenberg her kannte, daß Er auf seine Kosten eine kleine Reise nach Göttingen übernehmen, und eine zu seinen, Ihm bekannten, Absichten dienliche Wohnung für ihn in Bestand nehmen möchte. Wollte sein neues und beschwerliches Amt aber Ihm solches nicht verstatten, so ward, auf allen Fall, der H. D. Heumann, in einem dabey geschlossenen Brief eben darum ersuchet: der von dem seel. Schloßer denn auch richtig war besorget worden. Da dieses geschehene Ansuchen nun vom Hrn. D. Heumann willig war übernommen worden, erfuhr derselbe bald, daß der allhier bestellten Polizey-Commission, die Sache von Hannover aus schon übertragen wäre, dabey Er also es muste bewenden lassen. Eben diese Nachricht war dem Verfasser nun auch nach Wittenberg überschrieben, der solches nicht anders, als ein Zeichen einer ganz besondern Vorsorge ansehen konnte, weil Er bey seiner Ankunft in Göttingen nun weiter nichts nöthig zu haben glaubte, als die in Beschlag für ihn genommenen Wohnungen zu besehen, und, nach seinem Gefallen, Eine davon zu wählen. Kaum war die Erste Nacht aber in dem Gasthofe von Ihm zugebracht, als der damahlige Königliche Gerichtsschulze Neubour, einer der fürnehmsten Mitglieder gedachter Policey-Commission, Ihn ganz unvermuthet daselbst besuchte, und, nach den beyderseitigen Höflichkeits-Bezeigungen, auf geschehene Nachfrage, nach denen oftgedachten Häusern,

von 1734. biß 1737.

sern, mit einer nicht geringen Veränderung des Gesichts, erwiederte, daß er ganz in Erstaunen wäre gesetzet worden, da er gestern von seiner Frauen, die eben in dem für den Verfasser bestimmten Hause zum Besuch gewesen wäre, vernommen hätte, daß der ihm destinirte Antheil davon, weder Thüren noch Fenster hätte, und also noch gar nicht zu bewohnen wäre; welche Nachricht den Verfasser denn in ein eben so grosses Erstaunen vielleicht würde gesetzt haben, wenn nicht von zweyen, für Ihn in Bestand genommenen Häusern von Hannover aus die, allem Ansehen nach so zuverläßige, Nachricht Ihm zugekommen wäre. Da Er nun, auf diese so unerwartete Nachricht, nach dem zweyten, seiner Wahl überlassenen, Wohnung sich erkundigte, mußte er nothwendig in ein noch grösser Erstaunen versetzt werden, da er von eben dieser Magistrats-Person vernehmen muste, daß ihm davon gar nichts bewußt sey, und Er bey dem Hrn. D. Heumann sich darnach würde zu erkundigen haben: der aber (kurz zu seyn) eben so wenig bald hernach davon wissen wollte. Er erfuhr von diesem doch inzwischen so viel, daß Eines von den Häusern, auf die Er seine Absicht gerichtet gehabt hätte, von Einem der Policey-Commissarien Selbst vorher schon in Besitz genommen wäre i).

Wie

i) Dieser Polizey-Commissarius war der, nachherige Erste *Secretarius* der Universität, *N. Rüpke,* der, dem Vernehmen nach, als Amtmann vorher, ich weiß nicht wo, im Lande gestanden, und, weil Er in seinen Rechnungen mochte zu kurz gekommen seyn, seines Dienstes war erlassen worden. Dieser Mann, der bey dem grossen Mangel bequemer Wohnungen, vielleicht das *Jus possidentis* zu spielen gewußt hatte, des ganzen Landes, und der Hannoverschen Verfassung

Wie vorgedachte falsche Nachricht nun hierauf nach Hannover gekommen, und von dort aus dem Verfasser überschrieben worden, war hierauf nun zwar nicht schwer zu begreifen; der grossen Verlegenheit aber, in welche der Verfasser dadurch gesetzt wurde, war damit doch nicht abgeholfen. Inzwischen mochte den Herren Polizey-Commissarien auch nicht gar wohl dabey zu Muthe seyn, die daher die ganze Stadt beynahe durchgelaufen, kein Hauß aber, worinnen ein Professor wohl wohnen könnte, hatten ausfindig machen können; biß Eines auf der Johannis-Straße endlich dazu in Vorschlag gebracht wurde: das aber von einem Staabs-Officier des Druchslebenschen, in Garnison allhier stehenden, Regiments, bis Weihnachten gemiethet, der in Besitz es habende Officier aber verreiset, und der darin zurück gelassene Unter-Officier, der die Schlüssel zu den darin befindlichen Zimmern hatte, Anfangs nirgend zu finden war, auch da er endlich entdecket wurde, die Schlüssel dazu herzugeben, aus nur gedachter Ursache, wie billig, sich weigerte. Es würde zu weitläuftig, und ermüdend seyn, alle hieben vorgefallene Kleinigkeiten anzuführen; da dieses schon genug seyn kann, die Beschaffenheit des Alten Göttingen, und die damahlige Unschicklichkeit zur Anlegung einer Neuen Universität, zu ersehen; welches aus nachfolgenden Umständen

sung aber ziemlich kundig war, hat der Universität inzwischen hernach, bey verschiedenen Gelegenheiten, sehr wichtige Dienste geleistet: wie wir denn die, von den Landständen zum Besten der Universität angelegte, und zum Fond einer Witwencasse nachhero so glücklich verwendete, Neue, wohl eingerichtete, Apotheke seinem wohlgegebenem klugen Rathe, fast alleine zu danken haben; welches seinen Nahmen uns billig unvergeßlich machen muß.)

ständen ohnedem noch mehr, als zur Genüge, erhellen wird — —.

Da der Gasthof, in welchem der Verfasser abzutreten, und mit seinen vorausgeschickten Sachen einzukehren, genöthiget war, inzwischen gerade gegen dem Commendantenhause über lag, und das einzige, für Fremde darin befindliche bequeme Zimmer, Ein Geschoß hoch von der Erden dergestalt gelegen war, daß niemand leicht an ein Fenster treten konnte, ohne von denen, gegen über gleichfals an einem Fenster etwan befindlichen, Personen gesehen zu werden; so schien dem Verfasser der Höflichkeit gemäß es zu seyn, dem darin wohnenden Herrn Obersten von Druchtleben seine Tages vorher geschehene Ankunft zu melden, und zugleich versichern zu laßen, daß Er nicht unterlaßen würde, so bald Er mit seiner zu beziehenden Wohnung nur zu Stande gekommen, Selbst nebst seiner Frauen ihre Aufwartung Ihnen zu machen: welches denn mit einem höflichen Gegen-Compliment sogleich erwiedert wurde. Weil gedachter Hr. von Druchtleben nun bald darauf von den Schwierigkeiten gehört hatte, die wegen vorgedachter Wohnung sich geäußert, und daß kein ander Hauß, als das gleich jetzt gedachte, dazu ausfindig zu machen wäre, bey diesem aber die eben erwehnten Umstände sich ereigneten; so ließ der Hr. Commendant den darin zurückgelaßenen Domestiken (der sich irgendwo mochte verkrochen haben) aufsuchen, befahl ihm, die Schlüßel zu den Zimmern herzugeben, dieselben auch zu räumen, und versprach, den Officier, der biß Weinachten das Hauß gemiethet hatte, wenn Er noch eher wieder kommen sollte, in seinem (des Commendanten) Hause ein Paar Zimmer so lange einzuräumen, bis ein ander Quartier für ihn ausgemacht werden könnte. So

So bald das Hauß also geräumet, und die Schlüssel uns davon zugestellet waren, war wohl sehr natürlich, dessen innere Beschaffenheit kennen zu lernen, ehe unsere inzwischen abgeladene Sachen dahin konnten gebracht werden. Außer ein paar Bedienten, nebst dem Stiefbruder seiner Frauen von 14 – 15. Jahren, (der zu Wittenberg wider alle Vorstellungen dem Verfasser war aufgedrungen worden,) waren wir alle, unsern künftigen Aufenthalt zu sehen, sehr begierig, und erstere konnten also davon nicht wohl zurückgehalten werden. Ungeachtet sie nun der Unbequemlichkeiten, und Unreinlichkeiten, des Gasthofes, worin wir uns bißher aufhalten müssen, einiger Maaßen schon gewohnt waren, kamen sie doch mit Heulen und Schreyen nebst der angefügten Erklärung zurück, daß, solches eine Mördergrube wäre, die sie nimmer zu beziehen Willens wären, und daß wir eben solche Entschliessung fassen würden, so bald wir sie nur gesehen hätten. Ein ziemlich grosses und breites, mit einem, im zweyten Geschoß hervorragendem, schmalen aber breitem Erker, versehenes Vorderhaus, auch einer hohen, zu beladenen Früchten und Heuwagen angelegten, Einfahrt, die auch biß durch das Hinterhaus fortgieng, worin, nach der Gaße zu 2 – 3. unsaubere Stuben und Cammern, an dem daran stoßendem Hofe aber, außer einigen Hühnersteigen, und alten verfallenen Seiten-Gebäuden, nebst einer großen leeren Scheune, und dazwischen liegenden stinkenden Mistpfützen, sich befänden, — — war ein kurzer Abriß von der uns bestimmten Wohnung und Hause, der freylich kein groß Verlangen darnach bey uns erregen könnte. Doch alles klagen, verwünschen, und lamentiren, half hiebey nichts, weil doch nichts anders

ders ausfündig zu machen war, und hier doch einige verschloßene und wohlverwahrte Stuben und Kammern, wo unsere Sachen, die den Gasthof nun schlechterdings räumen mußten, konnten hingeschaffet werden: der über dem Hinterhause befindliche, ziemlich große, und mit einem Gypsboden belegte, Saal, (der zu einem Kornboden ehedem vielleicht gedienet hatte,) schien auch durch eine kleine Ausbesserung, leicht ein Auditorium abgeben zu können: folglich waren doch die nothwendigsten und unentbehrlichsten Theile, da vorhanden, die an einem andern Ort der Stadt vielleicht kaum so beysammen dürften zu finden seyn. Ohne weiterm Bedenken, und Widerstreben, wurde also der Anfang gleich gemacht, unsere Sachen dahin bringen zu laßen; und, nach einigen überstandenen Schwierigkeiten, hat der Verf. den Ort nach und nach um des willen lieb gewonnen, weil Er erfuhr, daß solcher von dem, um das hiesige *Paedagogium* viele Jahre so verdientem, und in der gelehrten Welt so rühmlichst bekanntem, H. von Dransfeld ehedem bewohnet war, und biß diese Stunde noch seinen Nahmen von Ihm führte, auch seinen hinterlaßenen Erben noch zugehörte: von denen der Verf. bald hernach auch seinen, am Wall in der untern Deichstraße gelegenen, Baumgarten, Anfangs zur Miethe, einige Zeit nachher aber auch käuflich, erhalten hat.

Ehe wir aber unsern Gasthof noch verlaßen, können wir nicht umhin, einer daselbst vorgefallenen Erscheinung zu gedenken, die, wegen der davon abhangenden Folgen, nicht wohl mit Stillschweigen zu übergehen ist. Bey dem, nach des Königs Augusts

gusts Tod, wegen der Polnischen Succeßion mit Frankreich entstandenem Kriege, hatte der damahlige König in Preussen, Friedrich Wilhelm, dem Kaiser Carl VI. zehen tausend Mann seiner Truppen überlassen, die im Frühjahr von 1734. ohnweit Halle sich versammlen müssen, allwo der König selbst, nebst dem sie commandirenden Feldmarschall, dem Fürsten Leopold von Dessau, (den man damahls nur den Alten Dessauer nannte,) sie in Augenschein zu nehmen, hingekommen war. Dieser Gelegenheit suchte nun ein Doctor, und ausserordentlicher Professor in Halle, Nahmens Philippi, sich zu bedienen, dem Könige ein Teutsches, (vermuthlich zu seinem und seiner Völker Lobe gereichendes) Gedicht zu übergeben, welches Er denn, wie leicht zu erachten seyn wird, prächtig hatte drucken und einbinden lassen, und dem Könige selbst, da Er nebst dem Dessauer aus seinem Gezelt heraus getreten, überreichen wolte. Ungeachtet nun Dieser, der des Königs Gesinnungen, und gegenwärtige Gemüthsverfassung, nothwendig besser, als Philippi, kennen muste, mit der Hand, ihm, zurück zu bleiben, gewinket hatte, so hatte Er doch daran sich nicht gekehrt: welches denn die, von dem Dessauer vielleicht besorgte, unglückliche Wirkung hatte, daß der König, statt das prächtige Gedicht von ihm anzunehmen, ihm mit dem in Händen habenden Stock einige Stösse auf die Brust, (andere sagten, ein Paar Schläge über den Kopf,) gegeben, worüber dieser ganz bestürzt zurück treten, und mit seinem Gedichte (das, so viel man weiß, nie zum Vorschein gekommen ist), beschämt nach Halle zurück kehren, muste. Da Er in Halle aber von diesem Betragen des Königs nicht vorsichtig genug mochte geredet haben, so sollte

Er

Er von einem Preußischen von Adel, auf einem öffentlichen Koffeehause, noch oben ein derbe Schläge bekommen haben: wenigstens kamen von dieser Geschichte verschiedene fliegende Blätter zum Vorschein, unter denen sich sonderlich Eines mit befand, das, dem Vorgeben nach, ein Medicinischer Bericht desjenigen Arztes seyn sollte, der ihn an seinen, bey der letztern Gelegenheit empfangenen, Wunden, und dazu gestossenen gefährlichen Krankheit, biß an seinen bald darauf erfolgten Tod, wollte curiret haben. Philippi, der inzwischen nichts weniger, als gestorben war, konnte bey solchen Umständen also in Halle nicht wohl bleiben, sondern fing an sein Glück an andern, und sonderlich solchen Orten, zu suchen, die von Halle am weitesten, und entlegensten, waren, und zu seinen Absichten die bequemsten zu seyn schienen; und man sagte nachhero, daß, da er seinen Aufenthalt zu Erfurt vergebens gesucht, und daher sich entschlossen hätte, nach der zu Göttingen anzulegenden Neuen Universität zu gehen, Er mit der in Erfurt damahls schon bekannten Poetin (Zäunemannin) in einige Eheverabredung schon zum voraus sich eingelassen hätte. —

Zween oder drey Tage nun nach unserer Ankunft allhier, und ehe wir unsern Gasthof verlassen konnten, kam, bey schon angehender Nacht, ein leichtes Fahrzeug vor demselben an, von dem wir, bey dem aus dem Gasthofe hervorschimmernden Lichte, aus unsern Fenstern sehen konnten, daß es ein unbedecktes Cariol war, worauf zwo Personen saßen, die einen Coffre hinten mit aufgebunden hatten. Da vor dem Gasthofe nun von den schon vorhandenen Studenten sich immer einige befanden, die auf alles vorfal-

vorfallende daselbst aufmerksam und neubegierig waren; so kam von denen, die dem Cariol biß in dem Gasthof nachgefolget waren, bald mit vollem Springen einer heraus, und verkündigte denen auf der Gasse stehenden andern, daß es Philippi aus Halle wäre, den er schon daselbst hatte kennen gelernet. Daß der Studiosus sich nicht geirret hatte, bestätigte Philippi den folgenden Tag selbst, da Er sogleich Vormittags seine Ankunft uns nicht allein melden, sondern auch um einen ihm zu verstattenden Besuch zugleich anhalten ließ; dabey Er auch, bald hernach, in einem so besondern Aufzug erschien, daß es unsern Domestiken selbst in die Augen gefallen war k): zu unserer grossen Verwunderung aber zugleich uns erzehlte, daß Er schon ein Quartier für sich gemiethet, mit einem Barbierer, und Perückier, schon Abrede genommen u. w. d. m. war. Ein klarer Beweiß, wie gewiß Er gewesen, seinen Aufenthalt alhier zu verlängern, und sein Glück zugleich zu machen: welches beydes aber, wie wir hernach sehen werden, ganz anders ausgefallen. Diese Vertraulichkeit, und was der Verfasser dazu etwan mochte gesagt haben, war nun der Grund seines zu Ihm hernach gefaßten Zutrauens, und warum der Verfasser, bey den hernach mit Ihme entstandenen Händeln, von beyden Seiten sich zum *Mediateur* gleichsam beständig mußte brauchen lassen.

So bald nun die vorher beschriebene Wohnung in Besitz genommen war, sahe man leicht ein, wie viel darin zu ändern, und auszubessern seyn würde,

k) Z. E. in einem mit Gold besetzten Kleide, wollenen schlecht gefärbten Strümpfen, versohlten Schuhen, u. d. m.

de, wenn sie zu den vorhabenden Absichten dienlich und bequem werden sollte. Um die dazu nöthige Zeit nun zu gewinnen, und den daher entstehenden unvermeidlichen Beschwerlichkeiten, so viel möglich, auszuweichen, ward beschlossen, eine kleine Reise nach Cassel inzwischen vorzunehmen, und das brennende Verlangen unserer daselbst befindlichen Anverwandten zu befriedigen. Wie eben dieses aber zu bewerkstelligen seyn möchte, war noch eine schwere Frage. In Göttingen fehlte es zwar an Land- und Acker-Pferden nicht: ein bedeckter Wagen aber war für kein Geld zu haben, und auf offenem Post-Wagen konnten und wollten wir nicht fahren. Mein guter Schlosser in Cassel wußte also einen angesehenen Gastwirth, der von seiner Gemeinde war, zu bewegen, einen bedeckten Wagen, mit vier Pferden, nach Göttingen zu schicken, und uns dorthin abholen zu lassen, welches uns beynahe aber das Leben gekostet hätte. Weil der Kutscher bey seiner Herüberfahrt von Cassel die ordentliche zwischen Münden und Göttingen befindliche Landstrasse zu beschwerlich mochte gefunden haben; so wollte er bey der Zurückfahrt seinen Pferden vielleicht eine Erleichterung verschaffen, und hatte daher den Weg durch einen Wald genommen, der kurz vor Münden, auf einer hohen Bergspitze, sich erst endigte. Wir waren also noch nicht lange aus demselben heraus, da wir uns auf einer kahlen Bergspitze befanden, wo wir Münden, mit den daselbst zusammenstossenden Flüssen, und den darauf befindlichen Fahrzeugen, wie auf einer Landcharte im Thal erblickten, mit Schaudern aber zugleich sahen, daß unser Fuhrmann den rechten Weg verfehlet hatte: und da die vordersten Pferde schon anfingen Berg ab zu ge-

B 2 hen,

hen, wenn er noch etwan zwanzig oder dreyßig Schritte weiter gefahren wäre, kein Retten für uns würde gewesen seyn, so, daß Wagen und Pferde in den unten vorbeyfliessenden Strohm nothwendig hätten herabstürzen müssen. Hier war nun guter Rath theuer. Endlich, weil einige von Cassel aus blosser Neubegierde mit herüber gekommene reisende Bremenser bey uns waren, so ward beschlossen, daß diese den vordersten Pferden in die Zügel greiffen, und so kurz, als möglich, wieder Berg an mit ihnen umkehren, der Kutscher aber auf seinem Sitz die beyden hintersten mit der Peitsche möglichst anstrengen, sollte, jenen mit der Kutsche zu folgen, und in den nicht weit davon liegenden ordentlichen Holzweg einzulenken; welches alles denn auch glücklich von Statten gieng. Aller hieben ausgestandenen Angst und Gefahr hätten wir doch können überhoben bleiben, wenn die in dem so unbequemen Hause unentbehrlichen Zurichtungen nicht nöthig gewesen, und also die Reise nach Cassel vorjetzt hätte unterbleiben können, oder auch in Göttingen selbst ein dienlich und schickliches Fuhrwerk, nebst einem der dortigen Wege besser kundigen Fuhrmann, wären zu finden gewesen. Der Verfasser hat daher den Ort, so oft Er nachhero über Münden wieder gereiset ist, nie ohne Schaudern und Schrecken ansehen können, und daher, zum Preise Göttlicher Gnade, nicht Umgang nehmen wollen, mit dankbarem Herzen bey dieser Gelegenheit sich dessen wieder zu erinnern. *Jucunda praeteritorum etiam malorum est recordatio.*

So bald der Verfasser zu Cassel vermuthen konnte, daß in seiner Wohnung zu Göttingen alles

im

im gehörigen Stand würde gesetzet seyn, eilete Er dahin zurück, um, nach der von Hannover erhaltenen Vorschrift, den Anfang mit den ihm aufgetragenen Amtsverrichtungen zu machen. Der ehedem vermuthliche Frucht- und Getrayde-Saal war auch nun, so viel möglich, in den Stand gesetzet, daß er ein ziemlich bequemes *Auditorium* abgeben konnte; ob es gleich Schwierigkeiten gesetzet hatte, zum herannahenden Winter mit einem brauchbaren Ofen es zu versehen. Er machte also durch einen öffentlichen Anschlag an gehörigem Orte bekannt, daß er den 14. Oct. die Erste Vorlesung darauf zu halten, willens wäre: welches denn auch in der That die Erste Academische Vorlesung war, die auf der Neuangelegten Universität allhier gehalten worden. Denn obgleich der seel. D. Heumann vorher schon dergleichen versucht hatte; so hatte doch von den allhier schon befindlichen Studiosis keiner dabey erscheinen wollen, weil sie ihn noch als einen blossen Lehrer des ehemaligen *Paedagogii* ansahen: da sie von dem Verfaßer hingegen wußten, daß Er verschiedene Jahre vorher schon zu Wittenberg als Professor gestanden, und nicht ohne Beyfall daselbst gelehret hatte. Der angesetzte 14. Oct. war auch kaum erschienen, da sich eine so grosse Anzahl Zuhörer an dem angezeigtem Orte einfanden, daß die vorher schon verfertigten Bänke, nebst den im Hause sonst noch befindlichen Stroh- und andern Stühlen, und Sitzen, nicht zureichen wollten, allen dienliche Plätze zu verschaffen. Ein Umstand, der wohl eine kleine Erläuterung nöthig hat, wenn er nicht für übertrieben soll angesehen werden.

Es ist bekannt, daß das ehemahlige Göttingische *Gymnasium*, jederzeit, sonderlich unter des seel. D. Heumanns Aufsicht, in ziemlichen Flor gestanden, und in der obersten Claße sich allezeit eine gute Anzahl junger Leute befunden; welches denn, uhter andern, auch wohl etwas beygetragen haben mochte, für andern, in Vorschlag etwan gekommenen Orten, Göttingen zum Siz der Neuanzulegenden Universität zu wehlen. Da der Schluß nun gefaßt war, und der seel. Heumann das bißherige Gymnasium nun durch eine, im Apr. öffentlich gehaltene, und durch den Druck bekannt gemachte, Rede *exaugurirt* hatte *); so blieben nicht allein die ehemalige Gymnasiasten der obersten Classe größten Theils allhier, sondern es hatte sich auch eine ziemliche Anzahl von andern Universitäten, sonderlich Halle, und Jena, bereits allhier eingefunden, die ansehnliche Vortheile allhier zu erhalten vermeynet hatten, da öffentlich nemlich bekannt geworden war, daß eine Neue Universität zu Göttingen sollte errichtet werden, und das allgemeine Gerüchte, ich weiß nicht woher, dabey entstanden, daß solches, nach Englischen Fuß geschehen würde, folglich einige öffentliche Gebäude würden errichtet werden, darin eine Anzahl junger Leute aufgenommen, freye Wohnung, und Unterhalt haben, und allerhand andere Vortheile genieſſen, würde; so hatte dieses verschiedene angelocket, von gedachten Orten sonderlich hieher zu eilen, um solcher Wohlthaten mit theilhaftig zu werden: unter welchen denn, obgedachter Maaßen, auch einige sich befunden, denen

der

---

*) Die, nebst dem den 19. Apr. vorher dazu gedrukten Progr. 1735. zusammen in 4. herausgekommen, seinen, 1738. aber edirten *Primitiis Gœttingensibus Academicis* p. 271. u. f. mit einverleibet stehen.

der Philippi von Halle her schon bekannt war. Weil die, aus dem eraugurirten Gymnasio dimittirten sich nun auch als angehende Academiker schon ansahen; so mochten solche zusammen wohl eine Anzahl von 70-80 u. m. ausmachen, die denn zu der zu haltenden Ersten Academischen Vorlesung sich eingefunden hatten: zu denen die Neugierde denn einige Bürger und Einwohner der Stadt selbst mit herbeygezogen hatte. Der Verf. kann sich jetzt nicht gleich erinnern, ob Er den Inhalt der vorher gehaltenen kurzen Anrede unter seinen Papieren noch mag mit aufbehalten haben 1). So viel weiß Er inzwischen doch noch gar wohl, daß solche in Lateinischer Sprache von Ihm gehalten, und die Gnade des Hohen Stifters dieser Universität, und der von selbiger zu hoffende Nutzen, nach Gebühr darin erhoben, auch die Erste Lection selbst darauf ist gehalten worden, so daß der ganze Schwarm der Zuhörer am Ende derselben ganz geruhig, und, wie es schien, vergnügt, das auf diese Weise gleichsam eingeweihete Auditorium wieder verlassen.

Die Neue Universität war also nun, wie es schien, glücklich eröfnet, und man würde über die, bey diesem Ersten Anfange schon vorhandne so ansehnliche Anzahl von Zuhörern sehr vergnügt zu seyn, Ursache gehabt haben, wenn unter ihnen nicht so

―――――――――――――――――――――――――――
(1) Eben, da ich dieses schreibe, fällt mir noch ein, daß solche auf dem letzten Blatt des damahls herausgegebenen Ersten Programmatis: *Brutumne esse, an Ratione uti praestet?* der Neubegierde halber, ist mit abgedrucket worden, und kann daher, da dieses selbst wohl in wenigen Händen seyn dürfte, auch vielleicht einen kleinen Anhang allhier abgeben.)

so viele sich befunden hätten, die man als einen Ausschuß anderer Universitäten anzusehen Ursach hatte, und deren üble Sitten viele exaugurirten Gymnasiasten, die zum Theil auch nicht viel besser seyn mochten, nachzuahmen anfiengen: gleich als ob solche brutale, unsinnige, und unüberlegte, Handlungen zur Academischen Freyheit mit gehörten, und den Character eines rechten Academisten (Burschens) ausmachten. Was dieses für Lermen, Unruhen, Schreyen, *Vivat* und *Pereat* Ruffen, nebst dem Wetzen auf den Gassen, Tag und Nacht, nach sich gezogen, kann niemand sich lebhaft genug vorstellen, als der an solchen Orten eine Zeitlang mitgewesen, und Tag und Nacht den Unfug mit aussehen müßen. Eine, vielleicht noch nicht ganz abgekommene, Gewohnheit der Alten Göttinger, zur Sicherheit ihrer Fenster in den Untern Geschoßen der Häuser angebrachte, hölzerne Laden, nicht seitwerts zu öffnen, und zu schliessen, sondern in den, zu Ersparung der Kosten, angebrachten Pfalzen auf und nieder zu schieben, und bey ihrer Schliessung mit einem Eisernen Polzen zu befestigen, verursachte den Nachbarn des Nachts oft tödtliche Schrecken, wenn von unruhigen, und des Nachts auf den Gassen herumschwärmenden, Bösewichtern, die aus Nachläßigkeit etwan nicht befestigten eisernen Polzen heraus gezogen, und der ganze Fensterladen mit einer grossen Gewalt herunter zu schiessen veranlaßt wurde; wodurch denn die, in guter Ruhe in der Nähe liegende, in das äußerste Schrecken oft versetzet wurden: andern dergleichen vielfachen Unfug, den die neu angekommenen Lehrer der Universität so wohl, als die alten Einwohner der Stadt, mit auszustehen hatten, ehe demselben gehörig konnte gesteuret werden, zu geschweigen. Unter

Unter den nach und nach angekommenen Professoren war, nach dem Verfasser, der seel. Schmauß einer der Ersten, der als *Professor Historiarum* und *Juris Naturae* hieher gerufen war; dem kurz darauf der seel. Geßner, aus Leipzig, als *Professor Eloquentiae & Poeseos*, folgete, von dort der seel. Gebauer, als *Professor Juris Primarius*, auch hieher berufen, vorher aber nach Hannover beordert war, um allda in Pflicht genommen, und mit gehöriger Vollmacht versehen zu werden, als Erster Königl. *Commissarius*, bald hernach aber allhier ankam. Weil derselbe nun in Hannover bevollmächtiget war, den inzwischen hier angekommenen Professoren den Huldigungs= sowohl als Pflicht=Eyd abzunehmen; so wollte solches den schon vorhandenen, die solches als ein besonder Prärogativ ansahen, nicht recht anstehen: sonderlich da Hr. Gebauer in allen Dingen einen starken Hang zum Transcendentalischen zu verrathen schien, und durch den schon vorhandenen Pedellen, auf eine, nicht gar zu anständige, Art zu der vorzunehmenden Handlung sie hatte einladen lassen. Herr Schmauß und der Verfasser, waren also fest entschlossen, auf die geschehene Einladung nicht zu erscheinen; und da der seel. Schmauß zu dem Ende, zu dem Verfasser, der gleicher Meynung mit Ihm wär, gekommen; ließ der seel. Geßner, der gleichfals dahin gekommen war, andere Gesinnungen aber hatte, nicht nach, Sie zu bewegen, um allen Scandal und Schein eines Mißvergnügens abzuwenden, nach Gebauers Wohnung sich mit Ihm zu begeben: woselbst aber von H. Gebauer zu neuem Mißvergnügen Anlaß gegeben wurde. Natürlicher Weise konnten die Eingeladenen, wenn sie auch über allerhand Kleinigkeiten wegsehen wollten, H. Gebauer doch wohl fragen, oder fragen lassen: Aus wessen Macht thust du das? und also sein *Commissoriale* von Ihm zu sehen verlangten; welches Er aber zu thun, sich schlechterdings weigerte, und von denen, die Er durch den gegenwärtigen Pedell in sein Auditorium hatte führen lassen, Einen nach dem Andern wollte vor sich kommen lassen, und es Ihm alsdenn eröffnen. Nach vielen hin und hergehen, schickte Er endlich den bey sich habenden *Secretarium Vniversitatis*, den obgedachten s. Rüpken, zu ihnen, der denn aus dem Commissoriale so viel, als die vorhabende Verpflichtung der Professorum betraff, Ihnen vorlesen muste, womit sie denn, ob er gleich auf eine ganz andere Art es hätte thun können, und sollen, Sich befriedigen, und Einer nach dem Andern in Eyd und Pflicht von Ihm nehmen, ließen. In derselben Stube, die der Verfasser etliche Jahre nachher, nach des seel. Reinhards Tode, als seine Studierstube bewohnet hat, ward also das Erste *Concilium* zu Stande gebracht m), darin denn außer dem Gedachten, weiter nichts vorkam, als daß H. Gebauer ihnen mit wenigem noch eröffnete, wie Er Willens wäre, den *Studiosis*, bey der nächst zu eröffnenden Matricul, den Antrag zugleich zu thun, daß Sie, wie es in Leipzig üblich wäre, mit entblößtem Haupte in den Collegiis den Vortrag ihres Docenten mit anhören möchten: welches denn zwar alle die gegenwärtig waren, Ihm wiederriethen, und Jena, Wittenberg, Halle, für das Gegentheil

m) Solches bestand, ausser dem Hrn. Gebauer, als *Commissario Regio*, und *Praeside*, dem seel. Schmauß, Heumann, Geßner, und dem Verfasser, nebst gedachten *Secretario*, Rüpken.)

theil anführten, einige Ihm auch zu bedenken gaben, ob nicht das, *Nitimur in Vetitum*, dadurch bey manchem könnte erreget werden; so ließ Er sich doch von seinem Vorhaben, welches er mit einiger Hitze vertheidigte, nicht abbringen, das bald hernach aber einige sehr böse Folgen hatte, die wir bald mit mehrern berühren müssen.

Ehe wir dahin kommen, müssen wir von den jetzt gedachten Professoribus, die vom Hrn. Gebauer beendiget wurden, noch etwas gedenken. Herr Heumann, ob Er gleich schon *Doctor Theologiae* war, welchen Grad Er einige Zeit vorher zu Helmstädt erhalten hatte, ward doch nicht als *Theologiae*, sondern nur als *Historiae Litterariae* Professor, verpflichtet, war auch von allen bißherigen Lehrern des ehemaligen *Paedagogii* der einzige, der bey der Neuen Universität mit angesetzet wurde; da die übrigen, entweder bey der nunmehro wieder errichteten Stadtschule einen Platz erhielten, oder auch bey der Universität bloße Privatlehrer abzugeben sich entschlossen. Der seel. Heumann aber behielt nicht allein seine bißherige Wohnung und Gehalt, die Er als Paedagogiarcha vorher gehabt hatte, sondern erhielt auch, wie es hieß, noch einige Verbesserungen und Zulagen. Daß Herr Gesner die Professionem *Eloquentiae* und *Poeseos*, nebst der Stelle des Ersten oder obersten *Bibliothecarii*, erhalten, die er auch biß an seinen Todt mit Ruhm bekleidet, ist jedermann bekannt. Weil Er den Sommer vorher, aber, mit seiner Frauen, eine Reise hieher gethan hatte, um sich eine bequeme Wohnung hier auszumachen, so gab solches zu dem bey seiner Rückkunft von Ihm verfertigtem, Lateinischen Gedichte Anlaß, dessen oben

schon

schon gedacht ist. Der s. Schmauß, der zur Professione *Juris Naturae,* und *Historiarum,* mit beygelegtem Raths Titel von Durlach hieher geruffen war, wo Er biß dahin als Geheimter Hofrath gestanden, hatte die Vorsicht gebrauchet, und, seiner Wohnung halber, sich an obgedachten hiesigen Gerichtsschulzen Niebur gewendet, der denn ein, an dem seinigen dicht anstossendes, enges und schmales Hauß für ihm bestanden hatte: welches denn Gelegenheit gab, gleich bey seiner Ankunfft bey demselben Gerichtsschulzen, der den Verfasser zu einem Abendessen zu sich eingeladen hatte, in eine genaue Bekannt= und Freundschaft mit Ihm zu gerathen, von der hernach noch zu gedenken seyn wird.)

Herr Gebauer hatte inzwischen nach einer vorhergegangenen Lateinischen Einladung den 31. Oct. die Matricul eröfnet, wo in etlichen Tagen über Hundert und Sechs und Vierzig sich eingeschrieben, denen Er denn die vorgedachte Ermahnung dabey zu geben nicht vergessen hatte. Da Er nun mit seinen Juristischen Vorlesungen nicht lange hernach den Anfang machte, blieben die gegenwärtigen Studiosi, so lange die Erste Anrede an Sie gedaurt, zwar unbedeckt, setzten aber alle, so bald diese aus war, ihre Hüthe auf, und blieben die ganze Stunde auch damit so bedecket sitzen. Herr Gebauer konnte sich also nicht entbrechen, am Ende der Stunde, Sie nochmahl zu ermahnen, so wie Er selbst, von Leipzig her gewohnt wäre, unbedeckt zu bleiben; und es stöhrte ihn in seinem Vortrage, wenn das Gegentheil davon geschähe. Diesem allem ohngeachtet blieb es am zweyten Tage, wie es am Ersten gewesen war; und, da Hr. Gebauer am Ende der
Stunde

Stunde mit etwas mehrem Eifer mochte geredet, auch wohl hinzu gesetzt haben, daß Er nicht fortlesen würde, wenn solches nicht geschähe, so hatten sie folgendes Tages die Hüthe zwar nicht aufgesetzt, auf den Bänken aber wie Pyramiden über einander aufgestellet, hinter welchen sie denn zum Theil gesessen, von Zeit zu Zeit aber dahinter hervorgekuckt, um zu sehen, wie Er sich dabey betragen würde. Da diese Aufführung Hrn. Gebauer, der solche Possen wohl hätte verachten, und übersehen können, vollend auf- und in Flamme gebracht, fähret Er am Ende der Lection in seinem Eifer nicht allein dagegen fort, sondern übereilet sich auch, noch hinzuzusetzen: da Er ihnen gleich Anfangs gesagt, daß Ihn solche Aufführung in seinem Vortrage stöhrte, Er ihnen nun sagen müßte, daß sein Collegium aus, und zu Ende wäre, und Er also nicht weiter darin fortfahren würde. ——

(Ob nun gleich verschiedene, wie leicht zu erachten ist, unter dem Haufen gewesen, denen dieses Spiel, und das dadurch veranlaßte Mißvergnügen des Hrn. Gebauers, nicht gefallen; so mußten sie dem Strohme doch folgen, und sich gefallen lassen, daß ein harter Trumpf auf diejenigen gesetzt wurde, die zu Gebauern weiter ins *Collegium* zu gehen sich unterfangen würden: und andere liefen von Stunde an zum Philippi hin, ihn zu ersuchen, *Collegia Juridica* zu lesen, die er zwar versprochen, aber, so viel der Verf. sich erinnert, noch nicht angefangen hatte. Daß Philippi diese nicht schlechterdings werde ab- und zurück gewiesen haben, ist wohl leicht zu vermuthen; daß er aber nicht genug Vernunft und Behutsamkeit dabey gebraucht, wird

ein

ein jeder ihm leicht zutrauen, der seinen Character, und geführte Absichten, gekennet. Philippi war in der Absicht auf die Neue Universität nach Göttingen gekommen, um Professor daselbst zu werden, wie er nachhero etliche mahl, rein heraus zu sagen, sich nicht gescheuet, und gar glaubte, sein zu Halle erlebtes unglückliches Schicksahl habe ihm selbst den Weg dazu gebahnet n). Ja, in den vielen, bey dieser Gelegenheit, mit Ihm gehabten Conferenzen (sit venia verbo), scheuete er sich nicht, mit dem berühmten CHRIST. THOMASIO zu Halle sich in eine völlige Parallele zu setzen. *Thomasius* wäre ein gebohrner Sachse, Er auch (aus Merseburg nemlich gebürtig), Jener sey ein offener Kopf gewesen, Er sey es auch; *Thomasius* liebte besondere und paradoxe Meynungen, Er auch; *Thomasius* wäre in seinem Vaterlande verfolget, Er auch; *Thomasius* mußte daher anderwärts hinflüchten, Er auch; *Thomasius* nahm seine Zuflucht zu einem Orte, wo eine Neue Universität angelegt werden sollte, Er auch; *Thomasius* ward endlich Professor daselbst — und das meynte Er, könnte er in Göttingen auch werden, u. w. d. m. welches alles der Verf. Stückweise mehr als Einmahl, aus seinem eigenem Munde gehöret hat. Was

n) Was Er etliche Jahre vorher, als ausserordentlicher Professor geschrieben, da Er sonderlich in den Wolfischen Streitigkeiten verschiedene, aber auch andere, mit allerhand Satyrischen Einfällen durchwebte, Schriften in Halle vorher herausgegeben, zeiget sonderlich eine, unter der Aufschrift: Gestrafter Vorwitz eines unbesonnenen *Critici*, Freystadt (Halle) A. 1753. in Teutschen Reimen gegen ihn in 8. herausgegebene kleine Schrift, in den beygefügten Noten, die hier aber anzuführen, die Mühe nicht verlohnen würde.

von 1734. biß 1737.

Was diese unglücklichen Vorfälle bey dem Ersten Anfange der Universität für Schrecken und Erstaunen zu Hannover, sonderlich dem dirigirenden Minister, verursacht habe, kann man sich leicht vorstellen. Unmöglich konnte man den Ersten und Obersten Lehrer der Rechtsgelehrsamkeit, der die Stelle eines Königl. *Commissarii*, (*Rectoris* oder *Prorectoris* der Universität zugleich zu verwalten hatte,) von einem so schlechten Menschen, wie Philippi war, übern Haufen werfen, und gleichsam unter die Füsse treten lassen; und man sahe doch nicht gleich ein, wie der Sache geholfen, und alles in den vorigen Stand wieder gesetzt werden könnte. Wie aufgebracht, und erbittert Hr. Gebauer auch bey seiner heftigen Gemüthsart müsse gewesen seyn, läßt sich nicht weniger leicht gedenken. Alle Woche gingen dieser Sache halber, und wie man sich zu verhalten hätte, nach und von Hannover Berichte und Rescripte hin und her, und alles gieng dahin, mit einer guten Manier, und auf die bequemste Art, den Philippi von hier wegzuschaffen. Philippi beharrete hingegen fest bey seinem Vorsatz, hier zu bleiben, und sein Glück zu verfolgen. Er fing so gar an Fliegende Blätter, unter dem Titel eines Freydenkers, auswerts drucken, und hernach durch einen dazu bestellten eigenen Bothen wöchentlich allhier austheilen, zu lassen, wo er denn nicht unterließ, bald diesen, bald jenen, bey der Stadt, und Universität, auf eine hämische Art, doch dergestalt, anzustechen, daß man Ihm nicht gleich darüber beykommen konnte. Seine Hauswirthin, mit der er sich gleich überworfen hatte, hieß darin Frau *Furia*, und der Gerichtsschulz Neubur, mit seinen stummen Töchtern, (weil Hr. Gebauer ihr Tischge-
noße

noſſe war), litten am meiſten dabey; und dieſer Selbſt kam auch nicht ganz frey dabey weg. Alle Ihm gethane Vorſchläge, und Promeſſen, ſich im Guten von hier weg zu begeben, waren vergebens, und ſein Recht, und erhaltene Freyheit, als *Doctor Juris* überall dociren zu können, ließ Er ſich auch nicht nehmen; ja Er ließ ſich auch wohl ausdrücklich verlauten, daß Er auf alle Extremitäten es dabey würde ankommen laſſen. Auch Verſprechungen von anſehnlichen Geſchenken, freye Reiſekoſten, u. w. d. waren gleichfalls alle vergebens. Der in Seinen Kopf feſtgeſetzter *Parallelismus* mit Chr. Thomasio, mit dem Er zuletzt ganz unverholen herausging, überwand alle dieſe Vorſtellungen. Das Argument, daß einem Fürſten doch die Macht nicht ſtreitig gemacht werden könnte, ob Er jemanden in ſeinen Landen dulden wolle, oder nicht, ſchien noch den meiſten Eindruck auf ſeine Gemüths-Art zu machen —. Er blieb aber doch bey ſeinem Vorſatz, daß Er es auf die äußerſte Gewalt würde laſſen ankommen — —.

Weil alle gelinde Mittel und Vorſtellungen nun fruchtlos ausgefallen waren, ſo kam von Hannover endlich der Entſchluß, daß er bey der Nacht aus ſeinem Quartier abgeholet, mit ein Paar Wächtern in einen Wagen geſetzet, unter deren Begleitung nach Duderſtadt in einen Gaſthof gebracht, und daſelbſt ſollte gelaſſen werden, wo ihm denn ein verſprochenes Reiſegeld zugleich gereichet werden ſollte. Seine zurückgelaſſene Sachen, die von keiner Erheblichkeit waren, wurden inzwiſchen doch verſiegelt, um zu ſeiner Zeit, und auf ſein Verlangen, ihm

ihm solche abfolgen zu laſſen: warum der Verfaſſer aber ſich weiter nicht bekümmert hat.

Inzwiſchen daß dieſes alles nun hier vorging, und an auswärtigen Orten zum Theil ſchon bekannt geworden war, kamen verſchiedene fliegende Blätter, und unter andern auch der obgedachte Mediciniſche Bericht, heraus, darin vorgegeben ward, „daß Philippi an ſeinen empfangenen Wunden in Halle verſtorben ſey. Es lieſe zwar ein Gerüchte, daß bey hellem Tage ein Ding zu Göttingen ſich ſollte ſehen laſſen, das dem Philippi völlig gliechte; man ſollte ſich dieſes aber nicht irren laſſen, der Teufel ſey ein Tauſendkünſtler, und man werde bald ſehen, daß das Ding daſelbſt verſchwinden, und einen Stank nach ſich laſſen würde„; welches in kurzer Zeit auch darauf erfolgete.

Damit dieſe unglückliche Begebenheiten, die überall damahls bekannt geworden waren, und ſo viel Auffſehens aller Orten gemacht hatten, keine üble Folgen für unſere Neue Univerſität haben möchten, fand man für gut, in die zu Hamburg damahls heraus kommenden Berichte von gelehrten Sachen mit wenigen nur einrücken zu laſſen, daß der D. Philippi ſeit einigen Tagen die hieſige Academie verlaſſen hätte; den Herrn Prof. Kohl aber, als Herausgeber derſelben, der alle Kleinigkeiten von Göttingen mit anzuführen gewohnt war, ließ man zugleich erſuchen, wenn Ihm von den hieben vorgefallenen Umſtänden etwas bekannt geworden wäre, oder noch werden ſollte, ſolches mit Stillſchweigen zu übergehen; der denn auch im *XXVIten* Stück der Berichte von 1735. S. 229. bloß hinein ſetzte „Hr. Doctor

C

Doctor Philippi hat schon seit acht Tagen diese Academie verlassen, und weiß man noch nicht, wo Er sich von hier hingewandt habe,.. Diese kurze Anzeige war diesem wunderlichen Kopfe aber nicht genug, und der Ausdruck, daß man nicht wisse, wo er sich von hier hingewandt hätte, hatte ihn sonderlich nicht angestanden: daher er hernach eine umständliche Nachricht von dem, was dabey vorgefallen, und wie man ihn Gewaltsamer weise von hier nach Duderstadt gebracht, in einem Gasthof daselbst abgesetzet, und sitzen lassen, u. d. m. durch den Druck bekannt machte; warum man aber, da er einmahl von hier weg war, sich wenig mehr bekümmerte. Weil Herr Gebauer nun seine angefangene Vorlesungen ruhig wider fortsetzte, und wegen der Bedeckung in den Collegiis nichts weiter vorfiele; so muß man dieses, nachhero fortdaurende, rühmliche Betragen unserer Studiosorum, wodurch sie freylich von vielen andern Teutschen Universitäten sich sehr unterscheiden, billig als Sein Verdienst ansehen: womit denn nach und nach, auch in andern Stücken, eine mehr gesittetere Aufführung angefangen sich zu vereinigen.

 Herr Jo. Salomon BRUNQUELL, der als einer der b. li bteſten Rechtslehrer bißher in Jena geſtanden hatte, kam nun den 1 Mart. des folgenden Jahrs alhier an, und brachte, außer andern Studiolis, auch drey Grafen von dort mit hieher, ward auch von vielen unsrer Studiosorum, (die noch immer einen heimlichen Groll auf Herrn Gebauer hatten) in einer, zu seinem Empfang angestellten, ansehnlichen Cavalcade, mit Pauken und Trompeten eingeholet; auch nicht Ihm allein, und den übrigen anwesenden Professoren, sondern auch dem Herrn Commendanten, und einigen andern angesehnen Personen der Stadt, mit zween Chören eine Abend-Music gebracht: welches alles in Göttingen bißher noch nie war gesehen oder gehört worden.) Die Herren Göttinger, die von einer Universität wol keinen Begriff bißher sich hatten machen können, fingen nun auch an, die Augen mehr aufzuthun; da viele vorher von ihnen, so oft sie nur ein Paar beladene Frachtwagen hatten ankommen sehen, wohl gemeynet, und auf den Gassen gerufen, daß man nun die Universität selbst brächte.

(Das Erste, das Hr. Brunquell nach seiner glücklichen Ankunft nun thun konnte, war wohl, das ihm von Hannover aus destinirte Commissariat (Prorectorat) bey der Universität, nach Hrn. Gebauer, zu übernehmen; dabey Er denn, in einem herausgegebenen *Programmate* seine in dem instehenden halben Jahre zu haltende Vorlesungen zugleich anzeigte. Daß Er nicht geringern Beyfall, als Er zu Jena schon gehabt hatte, darin gefunden, läßt sich von selbst leicht denken; obgleich dieses alles Hrn. Gebauer, der sein nächster Nachbar war, nicht anders, als ein Dorn in den Augen, seyn konnte: dem, ohne diesem, es nicht wohl gefallen wollte, daß Hr. Brunquell, als Professor, zwar nur den zweyten Platz nach Hrn. Gebauern haben, im sogenannten Spruchs-*Collegio* aber das *Praesidium* führen, und Hr. Gebauer also darin unter Ihm stehen sollte. Der grosse *Applausus*, den Hr. Brunquell von Anfang her gleich erhielte, und das Ansehen, das der von Jena mitgebrachte Anhang Ihm gaben, konnte Hr. Gebauern auch nicht sehr gefallen; und zu allem Unglück bewohnten beyde die nächst an der Universitäts-Kirche nah gelegene, von den Lehrern des Gymnasii aber ehedem bewohnten, Häuser, so daß ein jeder, was bey dem andern aus- und ein ging, alle Augenblicke sehen konnte. Alles, was bey Hrn. Brunquell nun aus- und ein ging, war dem Hrn. Gebauer schon verhaßt, und der Verfasser eilte daher auch nicht sehr, dem Hrn. Brunquell in seinem Hause einen Besuch zu machen; und begnügte sich, bey einigen, damahls sehr üblichen, Spaziergehen auf dem Wall, bey Ihm sich dieserhalb zu entschuldigen, ja scheuete so gar sich, bey der Ihm kurz darauf zugestoßenen tödlichen Krankheit nach seinem Befinden selbst sich zu erkundigen. Aeußerm Ansehen nach schien der Hr. Brunquell, der ein sehr ansehnlicher, starker und wohlgewachsener Mann war, auch von einer sehr gesunden und dauerhaften Constitution zu seyn, die Ihm, und uns allen, die wir Ihn hatten kennen lernen, eine lange, und fortdaurende Gesundheit versprechen könnte. Eine unglückliche, und für uns so schmerzhafte, Erfahrung aber zeigte, leyder, sehr früh das Gegentheil. Ob die Veränderung des bißherigen Aufenthalts, Gewohnheit, Diät, Sitten, u. d. ein bey Ihm verstecktes heimliches Uebel wieder rege gemacht, oder, die auf der Herreise gehabte starke Bewegungen etwas dazu beygetragen, hat man nicht erfahren. *) Kurz: Herr Brunquell verfiel in eine, Anfangs nicht gefähr-

*) So viel erfuhr man wohl nach und nach, daß Er zu Jena im Frühjahr schon öfters dergleichen Zufälle gehabt; und daß seine Medici Ihm daher eine gantze Haus-Apotheke zur Fürsicht mitgegeben hätten.

gefährlich scheinende, bald aber einen tödlichen Ausgang gewinnende, Krankheit, der auch die gleich herbey gerufene Aerzte keine zureichende Mittel entgegen zu stellen vermochten. *) Man gab aber hernach für, weil Hr. Brunquell in seinen Academischen Jahren in Jena einen sogenannten Renommisten abgegeben, so hätte Er bey der Gelegenheit eine gefährliche Wunde im Unterleibe einmahl bekommen, die vielleicht nicht gut geheilt, und bey der starken auf der Reise, gehabten Bewegung wieder rege gemacht, diesen unglücklichen Ausgang verursacht hätte. **) Kurz Hr. Brunquell starb, — ehe man von der Beschaffenheit seiner Krankheit, und deren Wirkung, einmahl rechte Nachricht erhalten konnte, und sein Tod fiel allen desto unerwarteter und empfindlicher, je weniger man wegen seiner anscheinenden dauerhaften Constitution dergleichen zu vermuthen Ursach hatte. Brunquell, der mit so grossem Pomp und Jubelgeschrey kurz vorher bey uns eingehohlet worden, war also Tod, und, allem Ansehen nach, war wohl niemand, den dieser betrübte Zufall nicht innigst gerühret hätte, wenn wir den Hrn. Gebauer allein ausnehmen. Da das Academische Commissariat, so Er einige Wochen vorhero dem Verstorbenen übergeben hatte, nach dessen Tod also an ihn zurück fiel, so ließ Er gleich nachher die sämmtlichen Professores durch den Pedellen zu sich einladen, um Eines und das Andere bey

---

*) Herr Leib=Med. Werlhoff, der von Hannover seinentwegen hergeschickt wurde, kam erst wenige Stunden vor seinem Tod an.

**) S. hiebey die wöchentl. Götting. Nachrichten, St. XVI.

bey diesen Umständen mit Ihnen zu überlegen. Der Verfaßer mußte also mit dabey erscheinen, der die übrigen Professores in eben der Bestürzung, in der Er selbst sich befand, daselbst antraff, Hrn. Gebauern aber, zu seinem grossen Erstaunen, so munter und aufgeklärt fand, daß Er sich genöthiget sahe, auf etliche Minuten in ein Nebenzimmer abzutreten, um von seinem Erstaunen sich etwas zu erholen, und Ihm, mit dem Er bey den Philippischen Händeln ziemlich vertraut geworden war, nicht etwan einige Sottisen ins Gesicht zu sagen. Weil der Hoffr. Treuer aus Helmstädt nun schon vor Brunquells Tod allhier angekommen war; so ward Ihm, als dem dritten Professori Juris, das Commissariat bald hernach von Hannover aus übertragen; der denn solches auch mit gutem Beyfall etliche Monathe nachhero fortgeführt hat.

Ehe wir jedoch in dieser Erzählung weiter fortfahren, müssen wir von den zur Beerdigung des seel. Brunnquells gemachten Anstalten noch etwas gedenken. Weil Er in dem Officio eines *Commissarii Regii*, das der Würde eines *Rectoris*, oder *Prorectoris*, Academiae gleich gehalten wurde, verstorben war; so war in Hannover beschlossen, mit allem, einer solchen Person gebührenden Anstand, und üblichen Ceremonien, das öffentliche Leichenbegängniß zu veranstalten: welches denn der seel. Treuer, der ohne dem solchen Ceremonien nicht abgeneigt war, treulich befolgte. Ohne in eine genaue und umständliche Beschreibung derselben uns aber einzulassen, wollen wir mit wenigen nur berühren, daß der verstorbene Leichnam aus dem Hause, worin Er gewohnet hatte, auf einem zu solchem Gebrauch mit Fleiß verfertigfertigten, mit sechs Pferden bespanneten, und mit schwarzer Boye biß auf die Erde bedeckten, Leichenwagen gesetzet, und, weil die Universitätskirche noch gar nicht zu gebrauchen war, in die Johannis-Kirche gebracht, und, nach gehaltenen Leichenreden, daselbst eingesenket worden. — Der Zug, dem, ausser den Anverwandten des seel. Brunnquells, dem *Commissario Regio*, und den allhier anwesenden Herren Grafen *) alle gegenwärtige *Professores*, und andere Litterati, nebst vielen, in Trauer gekleideten, wenigstens einen Flor um den Arm tragenden, *Studiosis*, und Stadt-Einwohnern, beywohnten, ging über die sogenannte Buch- und Wehnder-Straße nach dem Markte zu, durch einen Theil der Johannis-Straße aber nach der großen Kirchthüre, beym Geläute aller Stadt-Glocken, hin; da das übrige dann in der Kirche selbst vollzogen wurde o). Das einzige, was dem Verfasser bey allen diesen Ceremonien nicht gefallen, war, daß die dazu erforderte nicht geringe Kosten aus dem, bey der Universität angelegtem, *Fisco Pauperum* mit dem Versprechen musten genommen werden, daß solche

wieder

---

*) Diese waren der Graf von Löwenhaupt und Falkenstein, und zween Grafen und Gebrüder von Röder, aus Schlesien, nebst ihren Hofmeistern, denen die zween Grafen von Reuß und Plauen, Heinrich *IX.* und *X.*, wiewohl erst nach Brunnquells Tode, folgeten.

o) Die von dem seel. Gesner dabey gehaltene Lateinische Rede ward in der Hagerschen Druckerey auf 2. Bogen in Fol. kurz nachher gedruckt: — Von den übrigen Umständen stehet in den Göttingischen wöchentlichen Nachrichten *XIX.* St. eine umständliche Beschreibung.

wieder sollten erstattet werden: welches aber, so viel man weiß, doch nie geschehen ist. Vor Brunnquells Ankunft und Tod war im *Januario* desselben Jahrs, der D. Albrecht, aus Erfurth, als *Medicinae* und *Anatomiae* Professor, allhier schon angekommen, den wir aber, kurze Zeit nachhero, durch den Tod gleichfalls verlohren: davon hernach noch zu gedenken seyn wird.

Nach Brunnquells Tode ging in Hannover die größte Sorgfalt wohl dahin, mit einem andern erfahrnen und berühmten Lehrer seine Stelle wieder zu besetzen; weil Hr. Treuer auf das *Jus Publicum*, und Philosophie, sich wohl mehr, als auf das *Jus Civile*, geleget hatte. Selbiger hielte inzwischen, nicht lange nach seinem Hierseyn, den 11. Januar. 1735. die Erste öffentliche Juristische Disputation, und zwar, weil noch kein Universitäts-Auditorium zu gebrauchen war, in dem, zu seinem Privat-Gebrauch kürzlich angelegtem *Auditorio*. In dieser Disputation, die Herr Gottfr. Phil. von Bülow unter Ihm vertheidigte, ward vorzüglich gezeigt, daß, da die Churfürsten durch kein Reichsgesetz, Universitäten in ihren Landen anzulegen, verbunden wären, der König in Engelland, als Churfürst von Hannover, (dem die Dissertation auch dediciret war,) aus eigener Willkühr und Bewegung diese Neue Universität allhier anzulegen sich entschlossen hätte. Das Sonderbarste bey dieser Ersten Disputation war wohl, daß die sämtlichen *Professores*, nach ihrer Endigung, an eben demselben Ort, wo sie war gehalten worden, auf Kosten des Herrn Respondenten mit einem guten Schmauß bewirthet wurden; wobey denn manche andere wichtige

tige Dispůten mit vorkamen, und, inter pocula, decidiret wurden. —

Weil in eben diesem 1735sten Jahre der König aus Engelland in Hannover angekommen war, so war, unter vielen fremden Ministern und Abgesandten, auch, als Kayserliche Minister, der Graf Kinsky, mit dahin gekommen. Wie dieser nun gegen den Geheimterath von Münchhausen Hrn. Schmaußens, der in des Markgrafen von Durlach Diensten einige Zeit in Wien sich aufgehalten, und bey der Gelegenheit mit dem Grafen vielen Umgang gehabt, mit gedacht, so hatte dieses Gelegenheit gegeben, daß Hr. Schmauß, nach Hannover zu kommen, vom Minister Befehl erhielte. Da der Verfasser nun, obgedachter Maaßen, mit Ihm in sehr gutem Vernehmen und Freundschaft stund, so bediente er sich dieser Gelegenheit nach Hannover, wo Er ohnedem noch nicht gewesen war, mit zu reisen, und den Herren Ministris daselbst, sonderlich dem Hrn. Geheimterath von Münchhausen, seine Aufwartung zu machen. Diese Absicht wurde auch, ungeachtet in Hannover damahls alles sehr beschäftiget war, nicht schwer erreicht, da sonderlich Herr Schmauß an den meisten Orten gemeinschaftliche Visiten mit zu machen hatte: ausser, daß Er zum Hrn. Grafen von Kinsky öfters besonders hingerufen wurde. Weil sie nun in der sogenannten Londonschenke auch beysammen logirten, und daselbst speiseten; so hatten sie bequeme Gelegenheit, manchen Fremden daselbst kennen zu lernen, und Bekanntschaft mit ihnen zu machen, davon hernach noch etwas zu gedenken seyn wird. Dieser genaue Umgang mit Hrn. Schmauß nun, sowohl zu Hannover selbst, als

als auf der Hin= und Herreise, die verschiedene Tage dauerte, gab oft Gelegenheit, daß Er mit seinen Privat=Meynungen, die er zum Theil auch allhier schon geäussert hatte, mehr und mehr herausgieng; da der Verfasser hingegen sich alle Mühe gab, von einigen, die aus ganz falschen Gründen und Voraussetzungen herkamen, und doch keine Kleinigkeiten betrafen, Ihn, wo möglich, ab= und zurück zu bringen. Es war gemeiniglich aber vergebens, zum Weichen, oder Nachgeben, im geringsten Ihn zu bewegen: welches dann in ihrer bißher gehabten Vertraulichkeit und Freundschaft die Erste Kaltsinnigkeit verursachte. In einer bey dem Herrn von Münchhausen damahls gehabten Aufwartung erfuhren sie aber zuerst, daß Herr Reinhard aus Erfurth an des seel. Brunnquells Stelle kommen würde.)

Unsere Neue Universität war also mit Juristen und Philosophen nun ziemlich besetzet, hatte aber, ausser Hrn. Heumann, noch keinen Theologen; den man auch für keinen rechten Theologen wollte paßiren lassen; und in der Medicinischen Facultät war der einzige, von Erfurth gleichfalls hieher gerufene, Professor Albrecht, der in sehr mißlichen Gesundheits-Umständen hieher kam, und daher auch nicht lange lebte. Denn obgleich lange vorher der Professor Hamberger, aus Jena, samt seinem schon bejahrten Schwiegervater Wedel, (ohne welchem Er nicht hatte kommen wollen,) hieher gerufen waren, die beyde den Ruf angenommen hatten; so wurden doch ihre, zur Abreise fertige, Geräthschaften, da sie eben abgehen sollten, auf Herzoglichen Befehl mit Arrest belegt: wovon man die wahren

ren Umstände und Ursachen allhier nicht recht erfahren konnte. Das Wahrscheinlichste aber davon war wohl, daß die Herren mit ihrer Abreise zu sehr geeilet, ehe sie noch ihre Dimissionen von den Fürstlichen Höfen erhalten hatten. In Hannover und Göttingen trug man inzwischen an ihrer Herkunft nicht den geringsten Zweifel, so gar, daß man von den, zum Gebrauch der beym Gymnasio angesetzten Professoren kurz vorher neu gebaueten, und neben einander liegenden, Häusern, zwey dergestalt aptiren ließ, daß diese erwarteten Neuen Professoren solche beziehen könnten: daher auch Eines das Wedelsche, das Andere aber das Hambergersche Hauß beständig schon genennt wurden. Da die Hoffnung zu ihrer Anherokunft aber bald darauf ganz verschwunden, und an Studentenstuben es noch überall fehlete; so ward dem allhier befindlichen Manufactur-Commissario Grätzel, von Hannover aus aufgetragen, zwölf Stuben in denselben mit Tischen, Stühlen, Schränken, Betten, u. d. dergestalt eiligst zu versehen, damit solche neu ankommenden Studenten könnten eingeräumet werden: welches denn auch in möglichster Eile geschahe *). Da Hambergers
Nahme

---

*) Von dem grossen Mangel an Studentenstuben, kann auch dieses noch zum Beyspiel mit dienen. Ein Prediger und Probst aus dem Bremischen von Fincth, dem des Verf. obgedachtes, 1733. herausgegebenes, Teutsche Werk besonders gefallen, hatte schon nach Wittenberg an den Verfasser geschrieben, daß Er seine Söhne dahin schicken, und seiner Aufsicht übergeben wollte; dem Er aber zur Antwort ertheilet hatte, daß, wenn Er diese Absichten hätte, Er Sie nach Göttingen schicken müßte, weil Er nächsten Michaelis selbst dahin gehen

Nahme aber in Philosophischen, sonderlich Physicalischen und Mathematischen, Wissenschaften, fast überall damahls den Ton angab, und man also, da man Ihn selbst nicht haben konnte, wenigstens einen aus seiner Schule, den Er am geschicktesten dazu halten würde, verlangte; so traf das Looß den, in Jena schon stehenden Professor Extraordinarius, D. Segner, der als *Professor Physices* und *Mathematum* auch nicht lange nachhero allhier ankam, und, nach Albrechts Tode, zugleich *Professor Medicinae* wurde, und die ganze Medicinische Facultät allhier fürstellete

ben würde. Diese kamen also, kurz nach seiner Rückreise von Caßel, und einiger, in seiner Neuen Wohnung getroffenen Einrichtung, schon an, konnten in der ganzen Stadt aber keine Wohnung finden, und weil Sie im Gasthofe nicht länger bleiben konnten, oder wollten, so declarirten Sie dem Verf. daß Sie, Göttingen wieder zu verlassen, und nach Hauß zurückzugehen, sich genöthiget sähen: welches denn zu verhüten der Verf. sich entschliessen mußte, zu seiner nicht geringen Beschwerde, in seiner Wohnung selbst eine Stube ihnen einzuräumen, wo Sie der Vater selbst nach einiger Zeit auch noch antraf, und, auf sein Ersuchen, eine andere Gelegenheit zu ihrem Auffenthalt endlich ausmachte. Weil derselbe nun ein sehr hitziger Mann war, wie der Verf. aus vielen Proben hernach ersehen; so würde Er ohne Zweifel, ein großes Geschrey überall erreget haben, wenn Er seine Söhne von Göttingen wieder zurück hätte nehmen müssen. Auf einigen unter ganz besondern Titeln hernach 1751. und 52. zu Hamburg herausgegebenen Teutschen Schrifften, denen Er auch sein in Kupfer gestochenes Bildniß hat vorsetzen lassen, nennet Er sich: M. Georg Clemens von Finckh, auch Probst und Pastor Emeritus; ohne den Ort zu nennen, wo Er gestanden.

fürstellete. Von den Herrn Theologen waren die Herrn Oporin, und Crusius, nach und nach auch allhier angekommen, davon man jenen, weil Er keine Familie hatte, mit Noth und Mühe noch in ein altes, in der sogenannten Düstern Straße gelegenes, Gebäude hinein brachte; dieser aber, der schon Familie hatte, die an dem Ort, wo Er sich bißhero aufgehalten, besser schon gewohnt war, in einem Gasthofe vier Wochen, und drüber, sich aufhalten muste, ehe man eine Wohnung für Ihn ausmachen konnte. Leute, die Lust zum Spotten und Satyrisiren hatten, nahmen daher Gelegenheit, (weil der gute Oporin nicht eben die Gabe der Deutlichkeit hatte,) zu sagen, man hätte die Theologie in Göttingen in die Düstere Straße einlogirt. Von Hrn. Crusius aber, der einige Jahre vorher zu Paris die Stelle eines Dänischen Legations-Predigers, nachhero aber eines Predigers im Holsteinischen, bekleidet hatte, war bekannt, daß er nie auf einer Universität dociret hatte, und bloß seiner in den Pariser Bibliotheken sich erworbenen Litterair-Gelehrsamkeit halber hieher war berufen worden. Dem seel. Crusius fehlte also zum Academischen Lehrer gar zu viel; daher es denn auf den guten Oporin allein fast alles ankam. Man sagte auch, daß der damahlige General-Superintendent und Consistorial-Rath Böhmer, der bey diesen Sachen mit consuliret worden, bey Gelegenheit sich einmahl hätte verlauten lassen: Zween moderate Theologen hätte man; man müsse aber sehen, daß man noch einen guten Bullenbeisser bekäme, den man ihnen an die Seite setzen könnte, den Er in der Person des seel. Feuerleins vielleicht meynte gefunden zu haben: worin Er sich in der That aber sehr geirret hatte, wie

wie

wir hernach sehen werden. Wer da weiß, daß der seel. *Gudenus*, der General-Superintendent allhier, und Professor Theologiae beym Gymnasio eben zu der Zeit war, da die Universität errichtet wurde, und der seel. Heumann, der doch einige Jahre nachhero Professor Theologiae ordinarius geworden, und dazumahl schon etliche Jahre vorhero mit allen gehörigen Solennitäten zu Helmstädt den Gradum eines *Doctoris Theologiae* erhalten hatte, schon gegenwärtig gewesen, der wird sich vielleicht wundern, warum nicht wenigstens Einer von beyden zu einer Professione Theologiae in Vorschlag mit gekommen, da es sonderlich so schwer hielte, auswärtige dazu hieher zu ziehen. In der That mochte auch der seel. *Gudenus*, der, ausser andern Schriften, auch die, im Andern Theil der Beschreibung von Göttingen befindliche, Gottingische Kirchen-Historie verfertiget hatte, sich wohl nicht geringe Hoffnung dazu gemacht haben: wenn auch die Erzählung, mit der man sich damahls überall trug, nicht ihre völlige Richtigkeit haben sollte p). Wenigstens war es sehr wahrscheinlich, daß der Hofrath von Hattorf, der als Staats-Secretair der teutschen Angelegenheiten beym Könige in London sich damahls aufhielte, und ein naher Anverwandter seiner Frauen war, Ihme einige Hoffnung dazu mochte gemacht haben. Was die Ursache aber gewesen, daß man, dem allen ohngeachtet, Ihm schlechterdings übergangen, ist, so viel man

---

p) Man erzählte nehmlich von Ihm, daß Er in einer Gesellschaft einmahl zu seiner Ehegattin, die eine gebohrne Hattorffin war, sollte gesagt haben: wie das rothe Mäntelchen, (der rothe Samtene Rector-Mantel) über seinen schwarzen Rock wohl stehen, oder Ihm kleiden, würde?

man erfahren können, nicht recht kund geworden. Der Verfasser hat noch Gelegenheit gehabt, von diesem gelehrten Manne eine Lateinische Rede mit anzuhören, da Er den, beym *Gymnasio* bißher gestandenen, Professor Leonhardt, bey der aufs Neue nun errichteten Stadtschule, in einer auf dem so genannten Walkenrieder Hof damahls noch befindlichen alten Capelle zum Rectorat installirte; da dessen Vortrag, und Aussprache, ihm freylich etwas zu schwer und unangenehm zu seyn geschienen, einen *Professorem Theologiae* bey der Neuen Universität mit Ruhm und Nutzen abzugeben. Er muste also, aller Ihm vielleicht gemachten Hoffnung ungeachtet, Sich gefallen lassen, mit dem Titel eines Consistorial-Raths, an einen nicht weit von Hannover liegenden schlechten Ort, so lange sich hin zu begeben, biß die in Celle Ihm bestimmte wichtige Stelle eines General-Superintendenten eröfnet würde; welches denn freylich ohne heimlichen Verdruß nicht wohl abgehen konnte: welchen auch, wie man vielmahl nachhero gesagt, der Englische Minister den teutschen Stifter der Universität mehr, als einmahl, soll haben stark empfinden lassen.)

Mit dem s. Heumann hatte es eine gantz andere Bewandniß. Weil Er bey dem nun aufgehobenen Pædagogio, oder Gymnasio, als *Rector*, oder *Inspector*, gestanden, und dabey in mehr, als Einer, Claße Lectionen zu geben gehabt hatte (der dabey zu besorgenden Privatstunden nicht zu gedenken;) so hatte Er mit so vielen, mit der Theologie in keiner genauen Verbindung stehenden, Wissenschaften bißher sich beschäftigen müßen, so, daß man nicht vermuthen konnte, daß Er den, einen so weiten

ten Umfang schon habenden, Theologischen Wissenschaften genugsam gewachsen seyn möchte. Man hatte Ihn daher bey der Neuen Universität die *Historiam Litterariam* zu lehren aufgetragen, (der bald hernach doch eine *Extraordinaria Theologiae* beygesellet wurde,) der Er auch mit guten Ruhm und Nutzen vorgestanden: biß Er sich hernach der Theologie ganz gewidmet hat, wovon hernach noch ein mehrers vorkommen wird.

Mit unsern schon gegenwärtigen Professoribus Theologiae war der Sache also noch nicht geholfen; sonderlich da es so schwer fiele, den dritten, mit allen erforderlichen Qualitäten, Ihnen beyzufügen, und der s. Crusius sonderlich von einem Academischen Docenten der Theologie keinen rechten Begriff hatte. Da er seine Ersten Collegia, die Er zu halten gesonnen war, dem Verfasser im Vertrauen eröffnete, um seine, als eines Aeltern Academischen Lehrers, Meinung darüber zu vernehmen; hatte Er sich fürgesetzet, in den Publiken Vorlesungen ein Biblisches Buch des N. T. zu erklären; die beyzufügenden Privat-Lectionen aber über das wenige Jahre vorher in Frankreich gehaltene, sogenannte *Concilium Embrunese,* anzustellen, mit dem Er sonderliche Ehre einzulegen vermeynte. Ungeachtet Ihm nun offenherzig dagegen vorgestellet wurde; da die meisten unserer angehenden jungen Theologen vielleicht noch keine Kirchenhistorie gehöret, und von den neuern Theologischen Streitigkeiten noch weniger wüsten, es nicht wahrscheinlich sey, daß eine gehörige Anzahl Zuhörer zu einem solchen Collegi sich finden möchte, bey solchem Ersten Anfang der Collegiorum es aber sehr nöthig wäre, alle
Behut-

Behutsamkeit zu gebrauchen, daß solche nicht leer ausfielen, als welches sehr üble Folgen für die Zukunft gemeiniglich hätte: —— ungeachtet Ihm diese, und andere dergleichen, Gründe aufrichtig vorgestellet wurden, blieb Er dennoch bey seiner Meynung, und der Ausgang zeigte bald, was man vorher besorgt hatte.) Herr *Crusius* fing also sein *Collegium Embrunense* mit einigen wenigen Zuhörern an, so die Neugierde vielleicht herbey gezogen hatte, brachte aus seinem ansehnlichem Büchervorrath einige kostbare Werke mit auf das Catheder, laß den Zuhörern ganze Seiten, meist in Lateinischer oder Französischer Sprache, daraus her, (davon jene doch die Sachen vielleicht so wenig, als die Sprache selbst, verstanden), setzte seine Vorlesungen noch einige Tage auf eben dieselbe Art fort, und sein *Collegium* hatte also, weil keine Zuhörer sich weiter dazu eingefunden, ein Ende. Es hatte dieses auch so üble Würkungen, daß Er fast kein Collegium hernach mehr zu Stande bringen konnte, und man in Hannover sich also genöthiget sahe, einige Jahre nachher, bey gegebener Gelegenheit, Ihn nach Harburg, als General-Superintendenten, zu versetzen, um die von Ihm erledigte Stelle einem andern zu übertragen.

Der seel. Feuerlein, der erst 1737. von Altorf allhier ankam, wo er die meiste Zeit als Professor der Philosophie bißher gestanden, hatte nun zwar vom Academischen dociren mehr practische Kenntnisse, fing seine Sachen aber doch nicht mit genugsamer Ueberlegung, und glücklicherm Succeß, an. Weil Er nicht lange vor der Inauguration allhier angekommen, und mit Beschäftigung seines Hauße

Haußwesens, seiner starken Bibliothek, u. s. w. viel zu thun hatte, nach der Inauguration aber das Prorectorat zuerst übernehmen muste; so konnte Er die ganze Zeit sehr wenig Fleiß auf seine zu haltende *Collegia Theologica* verwenden: und, da es damit auch nicht recht fort wollte, fing Er an, über seine kurz vorher zu Altorf herausgegebene Philosophische Tabellen Collegia zu lesen, worin Er aber eben so wenigen Beyfall erhielte. Weil Er auch eine, von seinem verstorbenem Vater in Altorf größten Theils schon angelegte, Bibliothek mit hieher brachte; so fing Er es beynahe eben so, wie Hr. Crusius, an. Bey einer jeden vorkommenden Materie wurde gleich eine Anzahl dahin gehöriger großen und kostbaren Bücher ins Auditorium geschaffet, bey denen, und deren Litteratur-Geschichte, man gemeiniglich sich länger, als bey der Hauptsache selbst, aufhielte; welche dagegen so leicht und kurz, als nur möglich, abgehandelt, oder vielmehr, wie in einem Schattenbilde, vorgestellet, und dahero ohne gehörigem Grunde und Deutlichkeit vorgetragen, wurde. Der einzige Oporin blieb also fast allein übrig, von dem die angehende Theologen noch einige Kenntnisse erhalten konnten: ob es Ihm gleich, wie oben schon bemerket worden, bey seinem weitschweifigen Vortrag an gehöriger Deutlichkeit fehlte, der Vortrag selbst Ihm auch sehr sauer wurde, und daher gemeiniglich nur Eine Stunde Vormittags seinen öffentlichen, und Eine Nachmittags seinen sogenannten Privat-Vorlesungen, widmen konnte.

Von den Ersten Lehrern der Rechtsgelahrheit ist oben schon verschiedenes angeführet, zu denen denn der Hofrath Mascov, und der, als Reichshofrath
vor

vor einigen Jahren verstorbene, von Senkenberg, noch hinzugekommen: von denen hernach noch etwas nachzuholen seyn wird.

Die Medicinische Facultät war bißher noch am schlechtesten besetzt, weil, nach Wedels und Hambergers zurückgegangenen Herkunft, nicht sogleich andere zu finden waren, die man in diese Stellen herziehen konnte, oder wollte: den einzigen schon gedachten Professorem Albrecht, von Erfurth, ausgenommen. Dieser hatte durch einige Schriften, als *Medicus*, sonderlich aber durch seine Anatomischen und Physicalischen Kenntnisse und Versuche, schon sich bekannt gemacht q). Er ward also als *Professor Anatomiae* hieher gerufen, wo Er auch schon, obgleich mit einem sehr schwachem, und schlimmen Zufällen unterworfenem, Cörper am Ende von 1734. allhier schon angekommen war. Ob Er durch vieles Anatomiren todter Cörper seine Gesundheit in Erfurth schon geschwächet, kann man nicht sagen r): allhier fand Er wenigstens, so bald er nur hergekommen war,

wenige

q) Schon 1730. hatte Er einige *Observationes Anatomicas*, und 1731. einen *Tractatum Physicum de Tempestate* in 8. herausgegeben, dem auch einige Anatomische Observationes beygefügt waren, die von seinen Anatomischen Kenntnissen genugsam zeugten; auch hernach 1734. den Tractat, *de Effectibus Musices in Corpus Humanarum.* —

r) Der Verf. hat wenigstens von seiner hinterlassenen Wittwe ein Scelet, so Er von einem in Erfurth decollirten Bürger sehr mühsam und sorgfältig verfertiget gehabt, käuflich an sich gebracht; so in seinen Physicalischen Vorlesungen Ihm viele Jahre wichtige Dienste gethan hat, und von Ihm noch aufbehalten wird.

wenige Gelegenheit sich zu schonen. Da Er als Professor *Anatomiae* Proben seiner Anatomischen Känntniße den schon vorhandenen Studiosis Medicinae geben wollte, mußte Er sich gefallen laßen, mit den Ihm zugestellten Cadavern, in einen, nahe am Albaner Thor damahls gelegenen, alten dumpfigen Stadt-Thurm sich zu begeben, und oft ganze Tage, an diesen höchst ungesundem und beschwerlichem Ort, bey allen Witterungen und Veränderungen der Luft, zuzubringen, wo Er so viele Beschwerlichkeit und Hinderungen zugleich überall fand, daß Er kaum für Geld jemanden kriegen konnte, der ihm nur ein Paar Eimer Waßer zutragen, und trocken Holz herbey bringen, auch Feuer damit anmachen wollte: weil man Leute, die sich dazu brauchen ließen, fast als unehrlich ansahe, und Menschenschinder öffentlich nannte; ja, die Jungen auf den Gaßen, wenn der gute Albrecht von seiner, auf der Wehnder Straße liegenden Wohnung, nach dem Albaner Thor hinauf gehen mußte, Ihm wohl Selbst mit diesem Ehren-Nahmen verfolgten. Er brachte in dieser unangenehmen Stellung aber kaum einige Monathe zu, da Er in eine beschwerliche Krankheit verfiel, in der E auch seinen Geist aufgeben mußte; daher sein Nahme auch eben so wenig, als des s. Brunquells seiner, in dem *A.* 1736. im Mart. herausgekommenen Ersten *Catalogo Lectionum* mit befindlich ist. Doch hat Er nach Brunquells Tod, der den 11. May 1735. geschahe, etliche Monathe noch gelebet, und im Anfang des Octobers seine in dem Winter zu haltende Collegia noch bekannt gemacht: *) die Er aber nicht geendiget

*) Auch hielte der damahlige *Candidatus Medicinae,* Pape,

dizet hat. Die ganze Medicinische Facultät war mit Ihm also ausgestorben; doch ward vorgedachter Prof. Segner, nicht lange nach seinem Tode, zum *Professore Medicinae* ernannt; und der Hofr. Richter, aus Eutin, wo Er als Leibmedicus bißher gestanden, war auch bald nachher angekommen, so, daß beyde in dem gedachten Ersten Verzeichniß der den Sommer von 1736. zu haltenden Prälectionen, als *Medici* konnten mit angesetzet werden. Weil die so genannte Wedel- und Hambergischen Häuser aber, wegen Mangel der Wohnungen, obs gedachter Maßen, mit gehörigen Meublen versehen, und mit Studenten besetzet, waren; so mußte der Hofr. Richter sich gefallen lassen, den so genannten Hardenberger Hof so lange zu beziehen, biß gedachte Wohnungen konnten erlediget, und zu seinem Gebrauch gehörig eingerichtet werden. Man säumete auch nicht lange, die Anatomie, und Botanic, mit einem Neuem Lehrer wieder zu besetzen, da denn die Wahl glücklicher Weise auf den seel. Haller gefallen, (der durch seine, kurz vorher zu Bern herausgegebene, Beschreibung des *Diaphragmatis* eben so, als durch seine schon edirte Poesien, überall bekannt geworden war, und den hieher erhaltenen Ruf nicht allein angenommen, sondern mit seiner Herkunft auch dergestalt eilete, daß Er in demselben Lections-Verzeichniß, von 1736. schon seine, den Winter vorzunehmende, Arbeiten versprechen konnte:

Pape, noch unter seinem Vorsitz im Anfang des Decembr. seine Inaugural-Disputation, de *Spiritu Vini, ejus usu & abusu*, den Er darauf in des damahligen Commissarii Universitatis, *Reinhards* Auditorio, zum Ersten *Doctore Medicinae* proclamirte.

konnte: welches aber, durch einen sehr unglücklichen
Zufall hernach unterbrochen, oder vielmehr fast gänzlich gehemmet, worden, welches auch auf seine
ganze Verfaßung allhier einen grossen und bedaurens-
würdigen Eindruck machte.)

Es hatten nemlich verschiedene derer, von
Osten und Westen, Süden und Norden, hergerufene
Professoren, die alle an diesen fremden und entlegenen Ort zusammen gekommen waren, gegen dem Winter sich vereiniget, alle Wochen einmahl mit ihren Ehegenossen zusammen zu kommen, und auf eine Art sich zu unterhalten, die keinem zur Last gereichen konnte. s) Da die Reihe nun zu eben der
Zeit den Hrn. Crusius getroffen, und man erfahren
hatte, daß Hr. Haller mit seiner Familie zu Cassel
schon angelanget wäre, und denselben Tag bey uns
eintreffen würde, so hatten einige von der Gesellschaft sich entschlossen, Ihnen entgegen zu fahren,
und

s) Ein jeder schickte nemlich an den Ort, den die verabredete Ordnung traf, Sonntags Abends ein Essen, wie es Ihm gut deuchte, hin, so, daß der Bewohner desselben Orts nichts, als ein geheiztes, und erleuchtetes Zimmer, einen gedeckten, und mit nöthiger Geräthschaft versehenen, Tisch, bereit halten durfte, selbst aber, weder für Essen, noch Getränke, zu sorgen nöthig hatte, weil ein jeder, auch so viel, und von solche Art, Wein, oder andern Getränke, hinschickte, als Er und seine Ehegattin zu ihrem Gebrauch von nöthen haben möchten; — welches denn sehr angenehme, und alle Kosten und Aemulation vermeidende, Zusammenkünfte abgab, die auch etliche Jahre, zur Winterzeit sonderlich, auf denselben Fuß, fortgesetzet wurden.

und Sie mit dahin zu bringen, um ein gutes Vernehmen, Zutrauen, und Collegialische Freundschaft, dadurch bey Ihnen zu erwecken. Diese gute Absicht wurde aber durch einen dazwischen gekommenen unglücklichen Zufall, ganz vereitelt, weil H. Haller mit seiner Familie so lange ausblieb, biß die Ihnen entgegengezogene, wegen einfallender Nacht, vergebens zurück zu kehren sich genöthiget gesehen. Wie er jedoch bald nachher alhier angekommen, und der Postillion Ihn nach seiner, bey dem, an der sogenannten Pauliner-Straße wohnenden Commissair Gräzeln auf einige Tage vorher bestimmten Wohnung, bringen wollen, nicht aber gewußt, daß ein grosser Theil dieser Strasse, zur Legung einiger Wasserröhren in der Mitten aufgegraben war, so fähret Er im Finstern gerade zu, und wirft, unglücklicher Weise Hallern mit seiner Familie in den Graben hinein; die zwar ohne sonderlichen Schaden noch davon gekommen waren, durch diesen unglücklichen Zufall aber, da sie das Ende ihrer beschwerlichen Reise aus der Schweitz biß hieher nun gemeynt glücklich erreicht zu haben, in einen solchen Schrecken versetzet worden, daß Sie (die Hallerin) so gleich in eine schwere Krankheit darüber verfiel. Weil bey diesem unglücklichen Zufall, in der bestellten Wohnung auch keine genugsame Bequemlichkeit Ihnen verschaffet werden konnte, so sahen Sie sich genöthigt, in das auf der Wehnder Strasse belegene, sogenannte Adelepsische Haus, da es jedoch gleichfalls an nöthiger Bequemlichkeit noch fehlete, bald hernach bringen zu lassen. Da Hr. Haller nun bey dieser grossen Consternation sich Selbst nicht genug zu helfen wußte, in ganz Göttingen aber kein Medicus war, zu dem man genugsames Vertrauen

trauen saſſen konnte, oder wollte; ſo ward der ſſeel. Werlhof in aller Eile von Hannover wieder herbeygeholt; der doch mit aller ſeiner bekannten Geſchicklichkeit die gute Hallerin dem Tode auch nicht entreiſſen konnte. Sie ſtarb alſo in wenigen Tagen: eine junge muntere Frau, die, aus zärtlicher Liebe zu ihrem Mann, Ihr Vaterland, Freundſchaft, und alles, ſo Ihr lieb geweſen, verlaßen hatte, und hinterließ Ihm eine Tochter, die das Ebenbild ihrer Mutter war, und die Er ohne innigſten Schmerz daher faſt nimmer anſehen konnte, nebſt einem Sohn, der kaum zu lallen anfieng. Wie Hr. Hallern bey dieſen zuſammenſtoſſenden ſo unglücklichen Zufällen müſſe zu Muthe geweſen ſeyn, läßt ſich leicht begreiffen; noch mehr aber, wer ſein hitziges, und zu den heftigſten Affecten geneigtes, Gemüth gekannt hat. Und doch wollte Er, theils zur Linderung ſeines fortdaurenden Schmerzens, theils der von Ihm gemachten Hoffnung einiges Genüge zu thun, die, von einer Kindermörderin, und während ihrer Gefangenſchaft zum zweyten Mahl geſchwängerten, darüber aber hingerichteten, Perſon Ihm an die Hand gegebenen Gelegenheit nicht fahren laſſen; und mußte daher, weil noch kein Anatomiſches Theater vorhanden war, in eben dem alten ſchmutzigen und dumpfen Stadtthurm, wo der ſeel. Albrecht ſeinen Tod geholet hatte, hinein, und ſeine Anatomiſchen Operationen, ſo gut Er konnte, daſelbſt vornehmen. In was für Bekannt- und Freundſchaft der Verfaſſer bey der Gelegenheit mit Ihm gerathen, wird an einem andern Ort beſſer, als hier, vielleicht ſich ſagen laſſen.

Da

Da die hingerichtete Weibsperson in der That ungefähr in dem dritten oder vierten Monat schwanger befunden ward, ungeachtet man Ihr selbst es nicht hatte glauben wollen, und Hr. Haller dem Verfasser erlaubte, bey diesem so merkwürdigen und seltenen Zufall einige Theile an dem Cadaver selbst genau zu untersuchen, der Verfasser aber an der rechten Hand eben ein kleines, fast nichts bedeutendes, Geschwür hatte, so ihn nicht hindern konnte, in den frischen Gedärmen eines so gesunden Cörpers, einige Stunden herum zu wühlen; so fing solches an dergestalt sich zu verschlimmern, und auszubreiten, daß Hr. Haller ihm gnugsam zu steuren selbst kaum vermochte, und daher beynahe gefährliche Folgen gehabt hätte. Was Hr. Haller an diesem Cadaver merkwürdiges gefunden, hat Er in einem gedrucktem *Programmate* nachhero selbst bekannt gemacht. Daß man von allen diesen Dingen aber in dem A. 1736. m. Sept. gedruckten *Lections-Catalogo*, wo Er zum Erstenmahl mit erscheinet, nicht die geringste Spuren antrifft, noch antreffen konnte, lässet sich daraus leicht zur Gnüge begreiffen, weil die von Ihm daselbst stehende Anzeige in gedachtem Catalogo schon vor seiner Ankunft zu Göttingen einverleibet war; wie es auch mit einigen andern, aus leicht einzusehenden Ursachen, eben so hernach gehalten worden, und Hrn. Feuerleins seine im folgendem Jahre zum Beweiß mit dienen kann.

(Bey dem seel. Albrecht müssen wir noch eines Zufalls mit gedenken, der kurz nach seiner Ankunft sich allhier zutrug. Ein Mensch von gesetzten Jahren, Nahmens S-ch-d, aus Königsberg in Preussen selbst, oder doch nicht weit davon, gebürtig, der

sich für einen *Magistrum Philosophiae* ausgab, von Königsberg aber nach Danzig sich begeben, und die harte Belagerung der Stadt von den Russen und Sachsen mit ausgestanden hatte, von Danzig aber nach Rostock sich hernach gewandt, und, da es Ihm daselbst nicht glücken wollen, zu Hamburg unter zu kommen gesucht, endlich aber durch den allgemeinen Ruf von Göttingen bewogen war, mit einigen Empfehlungsschreiben von dortigen Gelehrten, nach Hannover und Göttingen zu reisen, in Hoffnung, sein Glück hieselbst zu machen, wegen seines widrigen Schicksahls aber fast beständig niedergeschlagenen und traurigen Gemüths war, ergriff in einem starken Anfall dieser Gemüthsverfassung, den 6. Decemb. 1735. Nachmittags auf seiner Studirstube ein Federmesser, sticht sich damit selbst in die Brust, bereuet solches aber sogleich, rufet seinen Hauswirth, saget ihm, was geschehen, und verlangt, daß ein *Chirurgus* gerufen werde. Da der Chirurgus nun herbey geeilet, findet er zwar die Wunde nicht tödtlich, brauchet auch alle, bey dergleichen Zufällen gewöhnliche, und dienliche Mittel, findet den Patienten aber doch in der äußersten Unruhe, und in solchen Umständen, daß auch der Stadtphysicus, nebst unserm seel. Albrecht, herbey musten gerufen werden. Ob nun gleich beyde es an nöthiger Vorsorge, und dienlichen Arzneymitteln, nicht ermangeln liessen, nahm die Krankheit doch dergestalt zu, daß er den 4. Tag nach geschehener Verwundung starb: da man bey geschehener Oeffnung denn fand, daß vieles Geblüth in die Brusthöhle herein getreten war, welches ihm denn viele Beschwerung, und Beklemmung des Herzens verursachet, und endlich den Tod selbst zugezogen, hatte. Während

render Krankheit lief auf der Post ein Brief mit 10. Ducaten an Ihn ein, die, wenn sie zeitiger eingegangen wären, diesen unglücklichen Zufall vielleicht abgewandt hätten; jetzt aber zu seiner in der Krankheit genossenen Verpflegung, und seines in aller Stille besorgten ehrlichen Begräbnisses, verwendet werden musten.

Der seel. Albrecht war also dazumahl noch am Leben, wenn gleich der eigentliche Tag seines Todes nicht genau kann bestimmt werden. Nach seinem Tode bezogen einige von ihm bewohnte Zimmer zween Herren von Busch, mit ihrem damahligen Hofmeister, dem noch jetzt lebenden so berühmten und verdienten Herrn Abt, und Vice-Canzler, Jerusalem: welches denn Gelegenheit gab, daß dieser, nach seiner nachherigen Zurückkunft aus Engelland, und einer im Herzoglich-Braunschweigischen Landen erhaltenen ansehnlichen Bedienung, die von dem seel. Albrecht hinterlassene Wittwe heyrathete. Der Verfasser erinnert sich noch oft mit vielem Vergnügen, und dankbahrem Herzen, daß jetztgedachter Hr. Jerusalem, bey seinem Aufenthalt in London, ein kurz vorher erst recht bekannt gewordenes, aus zweyen Okularen, und fünf zur Abwechselung, und mehr oder weniger Vergrösserung, dienenden Objectivgläsern bestehendes, und von einem der damahligen besten Meister in London verfertigtes, *Microscopium compositum*, unterm Beystand eines Mitgliedes der Englischen Societät der Wissenschaften, für Ihn erkauft, und die Uebersendung davon nach Göttingen dergestalt besorget, daß es endlich wohlbehalten und unverletzt in des Verfassers Hände gekommen, und gleichsam die Stamm-Mutter aller, nach diesem

Modell

Modell nachhero so glücklich allhier verfertigten, ähnlichen Microscopien geworden ist. Wie viele Wunder der Natur sind so vielen hunderten seiner ehemahligen Zuhörer in der Naturlehre durch dieses fürtrefliche Instrument nicht bekannt geworden! sonderlich da die bequeme Fassung, und Einrichtung davon dem Verfasser einige Jahre nachher Gelegenheit gegeben, ein sehr leichtes und bequemes Micrometer an dasselbe mit anzubringen, dadurch die dem bloßem Auge fast unsichtbaren wunderbaren Werke der Natur in ihrer wahren Gestalt und Verhältniß erst recht begreiflich gemacht werden konnten t).

Herrn Haller, der nun in des verstorbenen Albrechts Stelle gekommen war, fing die Einsamkeit, in die Er durch den Tod seiner so zärtlich geliebten Ehegattin, mit seinen beyden unmündigen Kindern, war versetzt worden, fast an, unerträglich zu werden. (Er hatte also den Hrn. Huber in Basel, der sein ehemahliger Schüler und Vertrauter war, bewogen, hieher zu kommen, bey Ihm im Hause zu wohnen, sein Tischgenosse zu seyn, und die Stelle eines *Professoris* auf dem bald zu errichtendem *Theatro Anatomico* zu übernehmen; der denn auch bald darauf

---

t) Von diesem Micrometer gab der Verfaßer von verschiedenen Dingen, (deren Größe der bekannte Loewenhoek mit der Dicke der Haare in seinem Barte, oder mit kleinen Sandkörnern zu vergleichen pfleget,) in einem Lateinischen Briefe, an den damahligen *Secretarium* der Königl. Societät der Wissenschaften in London, den D. Mortimer, einige Nachricht, und Beschreibung, der solches in die *Transaktiones Philosophicas* N. 475. mit einrücken ließ, davon kurz nachher auch in dem *Gentlements Magazin* eine Englische Uebersetzung bekannt gemacht wurde.

darauf hieselbst ankam, und verschiedene Jahre in dieser Verfassung bey Ihm geblieben ist.) Er fand aber auch bald für nöthig seinen unerzogenen Kindern eine zweyte Mutter zu geben. Weil Er aber wegen einiger, in seinem Vaterlande zu hoffende Vortheile, keine andere, als eine eben daselbst gebohrne Person, dazu wählen konnte, oder wollte; so entschloß Er sich, 1737. Selbst wieder eine Reise nach Bern zu thun, und brachte also eine zweyte Frau von dort mit heraus: die aber noch in demselben Jahre, in dem neubezogenen, am Botanischen Garten, und Theatro Anatomico, gelegenem Hause, im Kindbette verstarb, und Ihn also in eine neue Trauer versetzte, die aus verschiedenen Ursachen Ihm fast noch unerträglicher, als die Erste, zu werden schien u). An allen diesen unglücklichen Zufällen mußte nun der Ort, wo Er sich aufhielte, allein Schuld seyn; und Er gerieth aus diesen, und andern dazu kommenden, Ursachen, oft in eine solche Ungedult, daß der seel. Oporin, mit aller seiner theologischen Wissenschaft, und Beredtsamkeit, sie kaum mäßigen konnte; und in einer, bey diesen Umständen herausgekommenen, Poesie beklagt Er sich sogar einmahl, daß Er am Ende der Natur gekommen wäre. Nichts als Arbeiten, die seiner heftigen Ehrbegierde einige Nahrung verschafften, konnten seinen Schmerz lindern; wovon man nach und nach auch die heilsamsten Wirkungen gesehen hat. (Von seinem bißherigen Gesellschafter, dem Hrn. Huber, werden wir hernach zu gedenken Gelegenheit haben.)

Ehe

(u) Sonderlich quälete Ihn sein unglückliches *Absolutum Decretum*; welches, ich weiß nicht, aus was für Ursachen, bey dem Tode dieser Frauen, sonderlich bey Ihm rege geworden war.

Ehe wir zur Philosophischen Facultät, von welcher der Verfasser billig den Anfang gemacht hat, endlich zurück kommen, müssen wir von der Juristischen noch ein Paar Umstände nachholen. Zu einigen ausserordentlichen Stellen bey derselben waren auch Georg Sellius, aus Holland, und Heinr. Christ. Senkenberg, der eine Raths Stelle bey einem Gräflichen Hause in Teutschland bißher bekleidet hatte, hieher gerufen. Beyde hatten durch Schriften sich schon hinlänglich bekannt gemacht, und sonderlich Ersterer den schönen Tractat *de Teredine*, worin der den Holländischen Dämmen damahls so gefährlich fallende Holzwurm so umständlich beschrieben wird, herausgegeben x). Eben derselbe brachte auch eine ansehnliche Menge der kostbahrsten Bücher, und ein auserlesenes Muschel-Cabinet, das in Holland selbst damahls kaum seines gleichen haben mochte, nebst andern Kostbarkeiten, mit hieher, die alle biß Bursfelde die Weser herauf gebracht, von dorther aber mit so vielen beladenen Wagen hieher geschaffet, wurden, daß in dem damahls so genannten Adelepschen, auf der Wehnder Straße gelegenem, grossem Hause, so für ihn gemiethet war, alle dem Holländischen Doctor (wie man Ihn nur hieß) zukommende Sachen kaum Platz genug fanden *). Ohne in die Beschreibung seiner

übrigen

---

x) Ob Er denselben Selbst verfertiget, oder von einem andern verfertigen lassen, und unter seinen Nahmen nur heraus gegeben habe, (wie dem Verf. und andern, die Ihn kennen gelernet, sehr wahrscheinlich geschienen,) ist eine andere Frage, die hieher nicht gehöret.

*) Seine Büchersammlung war nicht sowohl eine

Samm-

übrigen Umstände uns hier einzulassen, wollen wir seinen Academischen Lebenslauf bey uns nur kurtz berühren. Da Er seine zu haltende Vorlesungen bekannt gemacht hatte, war alles begierig, den so beschriebenen Holländischen Doctor zu sehen, und zu hören. Alles lief daher in der angesetzten Abend-stunde hinzu, sein *Auditorium* ward also bald voll; zu allem Unglück war aber eine sehr üble Witterung eingefallen, so daß die nassen Regenröcke schon einen starken Dunst verursachet hatten. Ob die grosse Menge der Zuhörer den Doctor zugleich in Verlegenheit gesetzt, oder ob der greuliche Qualm und Dunst Ihm den Othem benommen hatten, blieb unausgemacht; kurz: da Er die gewöhnliche Anrede (*Honoratissimi Commilitones* u. s. w.) vorgebracht, setzte er kein Wort weiter hinzu, blieb verstummt auf dem Catheder stehen, und die in so grosser Anzahl zusammengelaufene Zuhörer liesen, da nichts weiter erfolgete, mit einem großen Geschrey und Hohngelächter auseinander: der Holländische Doctor ließ sich auch nach der Zeit nie wieder auf dem Catheder sehen, noch sonst einigen Versuch zu einigen Academischen

Sammlung eines Gelehrten, die Er zu seinem eigenen Gebrauch gemacht, als vielmehr eines Buchhändlers, der durch Tausch (vielleicht der *Historiae Teredinis*) sie nach und nach zusammen gebracht: daher die größten und kostbarsten Werke, in Lateinischer, und Französischer Sprache, doppelt und dreyfach darin vorhanden waren. Da Er auch den zweyten Transport von seinen Sachen nach einigen Monathen aus Holland nachkommen ließ, wurde solcher nicht hieher, sondern gleich nach Leipzig, gebracht, wo Er die darin befindlichen Bücher an die dortigen Buchhändler nachhero, da Er inzwischen Selbst nachgekommen war, baar verkauffet hat.)

demischen Geschäfften an sich verspühren. Desto öfters und fleißiger aber bath Er die schon gegenwärtigen *Professores* nach und nach zu sich, denen seine unvergleichliche Sammlungen von Muscheln, und andern Naturalien-Sachen, nebst dem großen, und von manchem noch nie gesehenen, Apparatu der kostbarsten Bücher, nicht unangenehm waren, womit sie denn, nebst dem Verfaßer, manchen vergnügten Abend bey Ihm zubrachten. Der vorgedachte unglückliche Zufall machte aber, daß Er noch demselben Winter sich anderwärts, sonderlich nach Halle, um eine Stelle beworben, da man Ihn denn auch mit beyden Armen gerne aufgenommen. Er verweilte aber auch dort nicht lange, sondern begab, nach einem kurzen Auffenthalt, sich nach Berlin, wo, wegen seines üblen Haußhalts, der größte Theil seiner kostbahrsten Sachen und Bücher bald in fremde Hände geriethen. Weil wir einmahl von diesem Mann, (der aus Danzig eigentlich gebürtig war, in Leyden aber eines reichen Viehhändlers Tochter geheyrathet hatte), zu reden nöthig gehabt: so wollen wir mit wenigen nur noch erwehnen, daß Er aus Halle noch an den Verfasser geschrieben, und Ihn ersucht, zu seiner Muschelsammlung ihm einen Käufer in hiesigen Landen zu verschaffen, dem Er sie für Fünftausend Thaler überlaßen wollte, ob sie Ihm gleich in Holland selbst weit mehr gekostet hatte: woraus man von dieser, auf die übrigen kostbaren Sammlungen, die noch viel mehr werth seyn mochten, leicht den Schluß machen kann.

Der vor einigen Jahren als Reichshofrath verstorbene, vorher aber noch nobilitirte Hr. von Senkenberg, war aus Franckfurth am Mayn gebürtig, und

und als *Syndicus Universitatis*, und *Professor Juris Extraordinarius*, auch der Juristen Facultät Beysitzer, hergerufen, und versprach in dem Erstem, zu den Sommer-Lectionen des 1736. Jahrs herausgegebenen, Catalogo so viel Juristische Collegia, daß Er alleine eine ganze Juristische Facultät hätte vorstellen können. Er schien zum Lesen (Lections zu halten) aber eben so wenig, wie jener, aufgelegt zu seyn; daher Er auch bald nach der Inauguration von hier wieder weg ging, wo wir denn seiner noch hernach zu gedenken haben werden.

Der einzige Gottfr. Mascov, der in jetzt gedachtem Erstem Lections-Catalogo schon mit stehet, ist unter den Ersten ordentlichen Professoribus Juris noch allein übrig, dessen wir hier noch gedenken müssen. Weil man Ihn für einen sogenannten Humanisten hielte, dergleichen man unter den Professoribus Juris gerne Einen haben wollte, sagte man, daß schon Reflexion auf Ihn wäre genommen gewesen, ehe an den Hrn. Gebauer gedacht worden; welcher aber, ich weiß nicht, aus was für Ursachen, (vielleicht wegen seines zu Leipzig habenden *Applausus*,) endlich wäre vorgezogen worden. Weil des Mascovs Bruder in Leipzig aber, der, (ob Er gleich nicht Professor war, bekannter massen doch in grossem Ansehen daselbst stand), mit dem Hrn. Gebauer nicht in gutem Vernehmen gestanden; so wollte man wissen, daß Hr. Gebauer, der von vorgedachten Absichten Nachricht gehabt, bey der von hieraus erhaltenen Vocation sich sollte ausbedungen (ausgebethen) haben, daß man vorgedachten Mascow, der damahls Professor zu Harderwick war, Ihm nicht zum Collegen geben möchte. Ob solches an dem sey, oder nicht, hat man

freylich

freylich nicht recht erfahren. Genug, seine Ankunft, die schon im October 1735. geschahe, war dem seel. Reinhard eben so wenig, als dem Hrn. Gebauer, angenehm, sonderlich, da Ihm die dritte Stelle unter den Juristen gegeben, und Er in das sogenannte Spruchscollegium zugleich mit versetzt worden, wo Sie nun meistens mit Ihm zu thun hatten. Herr Treuer, und Hr. Schmauß, denen Er auf diese Weise vorgezogen worden, waren eben so wenig damit zufrieden, da Ihm sonderlich auch das Commissariat noch im selbigem Jahr mit aufgetragen wurde, in welchem es mit dem seel. Reinhard schon einige harte Stösse gab. Er ließ auch bey den ersten Visiten, und Gegenvisiten, so viel Bisarres an sich merken, daß ein jeder seinen Umgang, wo er konnte, zu vermeiden suchte: ja selbst gegen den Verfasser, mit dem Er doch auf dem Gymnasio zu Danzig fast täglich umgegangen war, that Er Anfangs ganz fremde; biß Er nach und nach, sonderlich bey einer ganz besondern Gelegenheit, dieses Betragen zu ändern begounte; davon hernach etwas vorkommen wird.

Endlich müssen wir zur Philosophischen Facultät, die den Grund gleichsam zu allen folgenden gelegt, und von der zum Theil gleich Anfangs auch schon gehandelt worden, allhier zurück kommen. Herr Treuer, von dem schon gedacht ist, hatte einen Weg gefunden, in der Philosophischen sowohl, als Juristischen, Facultät einen Platz zu erhalten: in dieser als Professor *Juris Publici*, in jener aber als *Professor* der Moral und *Politic:* daher Er auch als Erster und Oberster Professor darin, die Stelle eines *Quasi-Decani*, in derselben, biß zur Inauguration, vertreten; die Statuten der Facultät auch entworfen,

(die

(die in verschiedenen Zusammenkünften denn untersucht, und größten Theils mit Beyfall angenommen worden); auch einigen *Candidatis Honorum Philosophorum*, die unter seinem Vorsitz vorher disputirten, die Magister-Würde, und zugleich die Erlaubniß, *Collegia Philosophica* zu lesen, jedoch mit Einwilligung seiner Collegen, ertheilet. Weil unter diesen nun auch ein Candidatus, der zu Jena studiret hatte, und ein grosser Freund der sogenannten Wolfischen Philosophie, war *); so waren die wenigsten Mitglieder der Facultät zwar geneigt, gedachte Freyheit ihm zu verstatten, und derselben Philosophie also den Eingang zu unserer Neuen Universität gleichsam zu eröffnen, wenn der Verfasser, der am meisten dabey interessirt zu seyn schien, seinen Beytritt nicht versaget hätte: als dem dieses der sicherste Weg zu seyn schien, aller blinden Sectirerey am besten vorzubeugen, und einer *libertati sentiendi* freyen und ungehinderten Lauf zu lassen, wie der Ausgang nachhero auch erwiesen hat. *)

Herr Schmauß, der nächst Ihm folgete, war zur *Professione Juris Naturae & Historiarum* hieher gerufen, die Er in der Philosophischen Facultät auch Anfangs bekleidete. Weil man nachhero aber ein Mittel gefunden hatte, den seel. Koeler von Altorf zur Historischen Profeßion hieher zu ziehen; so setzte man den Hrn. Rath Schmauß, mit dem Prädicat eines Hofraths, und *Professoris Juris Naturalis*,

---

*) Dieses war der mit grossem Ruhm und Beyfall zu Celle als General-Superintendent, und Consistorial-Rath zu Hannover, noch lebende und lehrende Herr Mag. Joh. Frid. Jacobi, der eine Diss. de Aurora Boreali unter dem Hrn. Treuer gehalten hatte, und bey der Inauguration mit proclamirt ward.

in die Juristen-Facultät, welches denn nachhero zu dem Streit: ob das *Jus Naturae* zur Juristischen, oder Philosophischen Facultät gehören sollte, Anlaß gegeben hat; der zwar, *pro* und *contra*, zwischen beyden Facultäten eine Weile geführt, zuletzt aber unentschieden geblieben ist, und das *Jus Naturae* bald zu dieser, bald zu jener, Facultät gezogen worden.

Vom seel. Heumann, der als *Rector* und *Paedagogiarcha*, an dem Claßischen Gymnasio allhier viele Jahre vorher gestanden, und sich um dasselbe sehr verdient gemacht hatte, ist zwar vorhero schon gedacht; wird aber hernach, wenn wir Ihn als Theologe zu betrachten Gelegenheit haben werden, noch zu einigen Anmerkungen Anlaß geben, die wir also in ihrem Zusammenhange biß dahin verspahren.

Der seel. Joh. David Köler ist aus verschiedenen Historischen Schriften, sonderlich aber seinen so beliebten Münzbelustigungen, die Er auch hier in Göttingen noch fortsetzte, so bekannt, daß wir bey Ihm uns lange aufzuhalten, nicht Ursache finden. Seine Vorlesungen sind in dem Ersten Lections-Catalogo von 1736. auch schon mit angezeiget, und Er hatte bey seiner Ankunft allhier das Schicksahl, die Unbequemlichkeiten, die wir alle zu übernehmen hatten, mit uns noch zu theilen: welches Ihn denn, der von Altorf, und dem nahgelegenen Nürnberg, zu uns herkam, oft sehr ungeduldig, und mißvergnügt, machte, da Er sonderlich vier, größten Theils noch unerwachsene, Söhne hatte, denen Er nicht alle, zu ihrer Erziehung nöthige und dienliche Bequemlichkeit allhier sogleich verschaffen konnte, welches denn auf ihre Erziehung selbst auch keinen geringen Einfluß gehabt hat.

Vom

Vom seel. Geßner, der unter den Ersten Professoren mit war, ist oben schon gedacht, und wird noch vieles hernach wieder vorkommen. Weil Er als *Rector* der Thomas-Schule in Leipzig hieher gerufen, der Verfasser dieser Nachrichten aber schon über acht Jahre Professor Extraordinarius in Wittenberg gewesen war, so glaubte Er mit allem Recht den Vorzug vor Ihm, nach Academischem Gebrauche, verlangen zu können, da ohne dem der Fünfte Platz in der Philosophischen Facultät Ihm ausdrücklich war versprochen worden. Er ließ sich aber, aus Liebe und Hochachtung für seinen Collegen, das Gegentheil doch gefallen; ob Er gleichwohl einsahe, daß die bloße Ordnung, und Folge, in den Academischen Aemtern, bey verschiedenen Gelegenheiten, in die dabey vorfallende Geschäfte und Vortheile einen nicht geringen Einfluß haben könne, wie sich nachhero auch etliche mahl gezeiget hat.

Was der Verfasser bey seiner Ersten Ankunft in Göttingen für Schicksahle gehabt, ist oben schon umständlich genug angeführt worden. Was nachher aber noch merkwürdiges mit ihm vorgefallen, soll hernach noch nachgehohlet werden.)

Weil bey diesem ersten Anfange jedermann von den Göttingischen Neuigkeiten gerne wollte unterrichtet seyn, in Göttingen selbst auch viele Dinge vorfielen, von denen man entweder selbst nähere Nachricht zu verlangen, oder auch andern zu geben, wünschte, und endlich der oberwehnte Gerichtsschulze Niebuer kurz vorher schon unter dem Nahmen des Bürgers, eine Art von Wochenschrift heraus gegeben hatte; so übernahm der Verfasser, auf Einrathen einiger seiner Freunde, eine ähnliche Schrift wöchentlich bekannt zu machen, womit der auswärtigen Neugierde sowohl, als den innerlichen Angelegenheiten

gelegenheiten, ein Genüge könnte geleistet werden. Da man also nicht gesonnen war, mit witzigen Einfällen, oder dergleichen ähnlichen Geburthen müßiger Köpfe, seine Leser zu belustigen; so erwählte man auch eine, zu den vorhabenden Absichten dienliche ganz simple, und ungeschminkte, Ueberschrift: Ordentliche wöchentliche Nachrichten von allen zu Göttingen, so wohl bey der Neuerrichteten Universität, als auch in der Stadt selbst — vorfallenden und dem gemeinen Wesen zu wissen nöthigen und diensamen Angelegenheiten, auf das gegenwärtige 1735. Jahr. Göttingen gedruckt mit Hagerschen Schrifften, wovon das Erste Stück schon unter dem 14. Febr. erschiene, die unter den Titel wöchentlicher Nachrichten fortgesetzet wurden y). Weil mit solchen Nachrichten aber doch nicht alle Woche ein ganzes Blatt konnte angefüllet werden; so ließ man einige, nicht eben weit hergeholte, doch gemeinnützliche, Betrachtungen allezeit voraus

y) Diese, unter der Aufschrift: Wöchentlicher Nachrichten, auf einem halben Bogen in 4. fortgesetzten Blätter ließ der Verf. Anfangs auf seine eigene Kosten drucken. Weil kurz hernach aber ein auswärtiger Buchhändler sich hieher begeben hatte, der auch einige Jahre sich hieselbst verweilete; so ließ Er diesem zu Gefallen am Ende des Jahrs den allgemeinen Titel dazu drucken: Wöchentliche Göttingische Nachrichten, nebst allerhand vorangesetzten Philosophischen Betrachtungen, auf das Jahr 1735. Jetzt mit einer Vorrede, und Verzeichniß der abgehandelten Materien versehen. Göttingen bey Joh. Mich. Fritschen, woselbst in der den 17. April 1736. unterzeichneten Vorrede, obgedachte Veranlassung dieser Blätter, und die dabey gehabte Absichten, umständlicher angeführet worden.

vorangehen, und die etwan vorfallende Neuigkeiten, oder begehrte Nachrichten, sodann folgen. So ungekünstelt der Vortrag der vorausgeschickten Betrachtungen, und ungezwungenen, die dazu erwählten Materien, auch immer waren; so behaupteten diese Göttingische Nachrichten die dabey gehabten Absichten doch zur Gnüge, und dieneten nicht allein den Einwohnern überhaupt nützliche und nöthige Dinge bekannt zu machen, sondern auch besonders alle, bey der Universität vorfallende, Merkwürdigkeiten gehörig anzuzeigen: wohin denn die Ankunft Neuer Professoren, die von Ihnen zu haltende Vorlesungen, die herausgekommene, oder noch herauszugebende Neue Schriften, und Disputationen, u. w. d. m. war, vorzüglich mit gehörten. Wir würden von demjenigen, was in diesen Ersten Jahren allhier vorgefallen ist, gewiß nur wenig wissen, wenn das Andenken davon in diesen Nachrichten nicht wäre aufbehalten worden. — —. (Von der in dem III. St. dieser Blätter befindlichen ziemlich nachdrücklichen, vom Verfasser herrührenden, Vertheidigung des Hrn. Gebauers gegen den Hrn. Canzler von Ludewig zu Halle, kann bey einer andern Gelegenheit noch gedacht werden. Weil die Seitenzahlen aber darin nicht fortgesetzt worden; so wird man im folgenden, wo es nöthig seyn wird, sich darauf zu beziehen, nur die Zahl jeden Stücks, mit seiner eigenen Seitenzahl, anzeigen: z. B. Gött. Wochenbl. IV. u. f. w.)

Da die zu den öffentlichen Academischen Vorfallenheiten nöthigen Plätze, und Gebäude (Auditoria) beym ersten Anfang der Universität noch gar nicht im Stande waren, gebraucht zu werden; so

mußten die ersten *Disputationes*, und öffentliche Reden, in einigen Privat-Wohnungen, wie oben schon gedacht ist, gehalten werden. Da die beym *Gymnasio Classico* vorher gebrauchten Auditoria und Gebäude zum Academischen Gebrauch sollten eingerichtet werden, und einige von Hannover dieserhalb hieher gesandte Personen solches für sehr leicht und mit wenigen Kosten zu bestreiten angesehen hatten; so hatte man geglaubet, wenn die in dem geräumlichen Viereck dieses Pauliner Klosters zum Gebrauch der verschiedenen Classen bißher befindlichen Abtheilungen nur verändert würden, man sodann zu denen erforderlichen *Auditoriis* Platz genug erhalten würde: sonderlich, da in den daselbst befindlichen zweyten Stockwerk nicht allein zu einem vierten Auditorio, sondern auch zu einem guten Büchersaal zugleich, Raum genug übrig seyn würde. Vielleicht hätte man sich hierin auch nicht geirret, wenn zu einem dauerhaften Gebäude der bloße Raum zureichend, und nicht mehrere Dinge dabey in Betrachtung zu nehmen wären. Da die Wände, und Abtheilungen, der ehemahligen Classen aber wegzuräumen der Anfang gemacht worden, mußte man zu seinen nicht geringen Verdruß sehen, daß auch dasjenige, zu dessen Unterstützung sie bißher gedienet hatten, zu sinken anfing, und man daher sich genöthiget fand, das ganze Gebäude abzutragen, so, daß die von den guten Pauliner-Mönchen vor vier hundert Jahren zu ihrem Kloster gelegte starke und dauerhafte Grundmauer davon allein konnte beybehalten werden. Vielleicht fing man auch an zu bereuen, daß man die zum Academischen Gebrauch nöthigen Gebäude, nicht in dem obern Theil der Stadt, wo die auf dem Markt, ohnweit des Rathhauses ehedem
gelegene

gelegene Hauptwacht sich jetzt befindet, hatte anlegen, und die daselbst noch liegende Barfüßer- oder Franziscaner-Kirche zur Universitäts-Kirche einrichten lassen. Kurz: der einmahl angefangene Bau wurde also fortgesetzet, wie er angefangen war, und ging daher auch sehr langsam von statten. Die längste Seite des länglichen Vierecks war zum Juristischen Hörsaale bestimmet; sollte aber, als das größte, allen größern und ausserordentlichen Handlungen zugleich gewidmet seyn. Die beyden schmälern Seiten, die mit diesem größern gerade Winkel einschliessen, waren zu Theologischen und Philosophischen Auditoriis bestimmt, über diesem aber im zweyten Stockwerk, das Medicinische angeleget; so wie der größte, über dem Juristischen Auditorio befindliche Raum der nächst zu erwartenden ansehnlichen Bülowschen Bibliothek sollte eingeräumet werden; der über dem Theologischen Auditorio aber noch übrige Platz endlich zu einer Concilien-Secretariat-Stube und Archiv, wie auch zu einer Depositenkammer, u. s. w. dienen sollte: wie denn auch alles nach und nach zu eben diesem Gebrauch ist eingeräumet worden. Das Besonderste bey dieser ganzen Einrichtung war wohl, daß der, unter der Secretariat-Stube, und Archiv, in dem untern Geschoß befindliche Raum ein *Chymisches Laboratorium* abgeben sollte; welcher Unsinn des Architects jedoch bald hernach, auf geschehene Vorstellung, eingesehen, und der Platz zur Wohnung eines Auditorienwärters bestimmt worden, der auch viele Jahre seinen Aufenthalt darin gefunden hat.

So gut und wohl überlegt diese ganze Einrichtung nun auch schien, und größten Theils auch würklich

lich war; so hatte man doch, allem Ansehen nach, auf die Zukunft nicht genug dabey gesehen; und so bald die Bülowsche Bibliothek (die etwan aus Achttausend Bänden bestehen mochte, und als ein *Fidei Commiss* zu Hannover bißher gestanden hatte,) hieher gebracht, und mit der Gymnasiastischen vereiniget, mit einigen Dubletten der Königlich-Hannoverschen verstärket, auch mit einen und den andern Zuwachsen vergrößert worden, sahe man bald ein, daß der ihr destinirte Raum nicht zureichend wäre, und fand sich also genöthiget, das, in eben demselben Stockwerke, über dem Philosophischem Auditorio liegende Medicinische, so schon im würklichem Gebrauch war, ihr mit einzuräumen; folglich dieses an einen andern Ort zu verlegen. Wo konnte oder wollte man nun damit hin? Alle Winkel des ehemahligen Gymnasiastischen Vierecks waren schon vertheilt, und die an der Kirche anliegende Seite zu Civil- und Criminal-Carceren, heimlichen Orten, und andern dergleichen Gebrauchen, eingeräumet; der darunter liegende, einen Theil des ehemahligen Kloster-Kreuzgangs ausmachende Gang aber muste, als der gemeine Zugang zu denen bißher erwehnten Behältnissen, frey und offen bleiben: die Philosophische Facultät muste also der Medicinischen, weil kein ander Mittel übrig war, weichen, und zu der Theologischen ihre Zuflucht nehmen; (mit der auch, wegen der in Ihrem Auditorio zu haltenden öffentlichen Vorlesungen, und Disputationen, gewisse *Compactata* errichtet wurden, die aber, hier anzuführen, überflüßig und zu weitläuftig seyn würde, die auch durch die, in den folgenden Zeiten ferner vorgegangene Veränderungen, längst vereitelt sind: da diese endlich selbst sich muste gefallen lassen, ihren

Hörsaal

Hörsaal zu einem Modell - Behältniß herzugeben, jetzt aber, bey dem so starken Anwachs der Bibliothek, einen neuen Flügel davon abgiebt. Eine kleine, beym Anfang der Universität versäumte, Ueberlegung, (oder vielleicht noch etwas anders, so zwar nicht schwer zu denken, nicht wohl aber sich öffentlich sagen läßt,) hätte allen diesen, leicht vorher zu sehenden, und zum Theil noch fort daurenden, Beschwerlichkeiten, und nach und nach erfolgten Unordnungen, vorbeugen können.) Die ganze Universität hätte vielleicht in vielen Stücken auch eine weit bequemere Lage bekommen können, wenn die Hauptgebäude an vorgedachtem Ort, wo Platz und Raum genug war, nach aller Nothdurft und Bequemlichkeit sich weiter auszubreiten, wären angelegt worden. (Auch hier würde es also nicht unbillig heissen können:

Principiis obsta! sero medicina paratur,
Quum mala per longas invalvere moras.)

Die jetzige, an die Academischen Gebäude anstossende, Universitäts-Kirche war, biß zu unserer Ankunft, größten Theils zu einem Zeughause gebraucht, und eine in dem ehemahligen Klostergange noch befindliche Thür führte in den Chor derselben, (der bem Gebrauch des *Gymnasii* eingeräumet war. In diesem sahe man auch, so bald man hinein trat, zwey Reihen grosser hölzerner, mit gleichen Rücklehnen versehener, Stühle, oder Stände, längst den Wänden an beyden Seiten hingehen, an welchen die Nahmen derjenigen Klöster, und Convente, deren Abgeordnete bey einem allhier gehaltenen General-Capitul des Ordens ihre Sitze gehabt hatten, verzeichnet

zeichnet stunden; welche in dem zweyten Theil obgedachter Beschreibung von Göttingen, nach der Reihe auch angeführet, auch die ehedem allhier gehaltene General-Capitul zugleich verzeichnet stehen (S. 164.) Wo diese venerablen Alterthümer, bey Erneuerung der Kirche, etwan mögen hingekommen seyn, kann der Verf. nicht sagen. Nach eben dieser Beschreibung sollen aber auch des A. 1274. verstorbenen THOMAS DE AQUINO heilige Gebeine hieher seyn gebracht worden: zu welchen auch, wegen der durch Sie verrichteten Wunder, am Jahrs-Feste dieses Heiligen volkreiche Wallfahrten angestellet worden. Insonderheit aber sollen viele unfruchtbaren Weiber sodann mit hergekommen seyn, die dem Heil. Thomas dann reiche Opfer mitgebracht haben, wovon das Kloster also guten Nutzen gehabt habe. (S. 164.) Vielleicht würde dieses alles aber auch leicht Statt gefunden haben, wenn gleich keine Gebeine vom Heil. Thomas hieher gekommen wären, oder auch, die noch etwan hergekommenen, nichts dazu beygetragen hätten. Da dieses Jahrs-Fest auch über acht Tage gedauret hat; so haben die guten unfruchtbaren Weiber Zeit und Gelegenheit genug finden können, für ihre mitgebrachten reichlichen Opfer von den lebendigen, und in gutem Wohlstande sich befindenden, Mönchen dasjenige zu erhalten, was sie von den todten Gebeinen des Heil. Thomas nimmer erwarten noch erhalten konnten.)

Da diese Kirche nun zum künftigen Gebrauch der Universität ganz geräumet worden; so hatte man schon den Anschlag gemacht, einige darin befindliche starke Pfeiler zur Grundlage eines darüber anzulegenden *Observatorii* zu bestimmen, zu welchem Ende man

man denn das Gewölbe der Kirche schon mit starken Bohlen hatte belegen lassen, auf welchen der Umfang und die Grundlage, des daselbst zu errichtenden, und zu diesem Gebrauch bestimmten, Achtecks schon abgemessen und verzeichnet stunden. Weil der Verfasser nun sehr begierig war, die in vollem Bau überall begriffene Anstalten zu sehen, und kennen zu lernen; so hatte einer der Obersten Aufseher die Gutheit, das Vorzüglichste davon ihm selbst zu zeigen, und zu erklären, auch ihn sogar auf den Kirchboden zu führen, und den darauf verzeichneten Grundriß des daselbst anzulegenden *Observatorii*, als eines wohlausgedachten, und, wie es schien, seinen ganzen Beyfall habenden, Plans, umständlich zu verständigen. Der Verfasser konnte also nicht umhin, ihn zu ersuchen, an einem, über dem brettern Boden etwas erhabenen, Ort ein Paar Dachziegel aufziehen zu lassen, um die umliegenden Gegenden zu sehen und genauer kennen zu lernen. So bald solches aber geschehen, fand sich sogleich, daß man nicht allein über einige, nach Süden und Westen liegende, Privatgebäude kaum wegsehen konnte, sondern daß die, nach Südost gelegene Johanniskirche, sonderlich mit ihren Thürmen, einen so großen Theil des Himmels, nebst dem ganzen dahinter liegenden Horizont, dergestalt verdeckte, daß man keinen unbequemern Ort in der Stadt vielleicht zu diesem Gebrauch hätte auszeichnen können. Zu allem Glück begriff des Verfassers Anführer, daß er völlig Recht hätte, und nahm also die Sache *ad referendum* an; da denn aus dem so schön ausgesonnenen Observatorio bald nichts wurde. Wie der seel. Albrecht aber bald nachhero angekommen war, so bekam Er, nebst dem Verfasser, den Auftrag, einen bequemern Ort in der

Stadt

Stadt zu einem anzulegenden *Observatorio* in Vorschlag zu bringen; und da Sie alle Mühe dieserhalb sich gegeben hatten, fanden Sie keinen bequemern, und gelegern, als den, im höchsten Theil der Stadt liegenden, Albaner Thurm, der auch fest genug zu seyn schien, einen dazu dienenden Aufsatz aufzunehmen und zu ertragen, zu dem man auch durch einen bequemen Zugang vom Wall, über den Kirchboden, leicht gelangen könnte, u w. d. m.; und würden Sie, wenn die von dem Geläute der darin befindlichen Klocken zu besorgende Erschütterung Ihnen nicht vorzüglich im Wege gestanden hätte, solchen für allen andern in Vorschlag zu bringen, kein Bedenken getragen haben. Da dieser Vorschlag nun nicht wohl Statt finden konnte, und kurz darauf einige Professores allhier angekommen waren, denen die Sache viel näher anging; so hat man endlich, nach langen deliberiren, denjenigen, an einem weit niedrigern Orte gelegenen, alten, Stadtthurm dazu erwählt, wo es auch noch jetzt befindlich ist.

Bey dem zur Universitäts-Bibliothec bestimmten Saal fand sich, nach geschehener Untersuchung, auch etwas so mit Stillschweigen nicht wohl kann übergangen werden. Der Baumeister, der (nach dem überhaupt angenommenen Plan und Grundsatz) auch hier den leichtesten und wohlfeilsten Weg gewählet, hatte zu dessen Grundlage so schwache Balken genommen, daß der Verfaßer, mit dem f. Gehner, wenn sie auf einen solchen, mit Dielen noch nicht belegten, Balken sich stellten, mit leichter Mühe an vielen Orten, (lit venia verbo) sich darauf wippen konnten. Man sahe also leicht ein, daß ein solches Gebälke eine so schwere Last, wie die

darauf

darauf zu ſtellende Bibliothec nothwendig ausmachen muſte, unmöglich würde tragen können, und blieb alſo, da die Sachen einmahl ſo weit gekommen waren, nichts anders übrig, als dem ſchwachen Gebälke gehörige Unterſtützungen zu verſchaffen, die denn in dem darunter liegenden größern Auditorio ſonderlich mußte angebracht werden. Man ließ daher an verſchiedenen Orten groſſe Säulen darunter ſetzen, die denn ſo gut als möglich, und dergeſtalt eingerichtet wurden, daß es ſchien, als ob ſie bloß zu einer Zierde dahin geſetzet wären, und ſolche mit andern, eben ſo verzierten, Unterlagen verbinden: wobey denn noch das beſte war, daß die guten Pauliner Mönche ihre darunter angelegten gewölbten Keller mit verſchiedenen ſtarken ſteinernen Trägern hatten verſehen laſſen, ſo dieſen darauf geſetzten hölzernen Säulen zu einer ſichern Grundlage dienen konnten; welches denn wohl einer der größten Nutzen war, den die alten Mönchsgebäude den, in ſo groſſer Eile darauf geſetzten, Neuen Univerſitäts-Gebäuden verſchaffen konnten. Die innere Einrichtung der Auditorien, die der Baumeiſter nach ſeinem gemachten Plan gleichfalls einzurichten willens war, wurde zu allem Glück, auf geſchehene Vorſtellungen, durch wiederhohlte Reſcripte, dem Gutbefinden der gegenwärtigen Profeſſoren überlaßen; da ſie denn endlich in den Stand geſetzet wurden, in welchem das, noch allein davon übrig gebliebene ſogenannte Juriſtiſche, biß vor kurzer Zeit, ſich noch befunden hat.

Doch genug von der Erſten Einrichtung der Academiſchen Gebäude, und den dabey vorgefallenen Schwierigkeiten, deren man größten Theils hätte können überhoben bleiben, wenn (noch einmahl es zu wieder-

wiederhohlen,) die im Obern Theil der Stadt liegende Barfüßer- oder Franziscaner-Kirche, nebst den, gegen die Burgstraße zu gehenden, damahls noch unbebauten Plätzen, zur Anlegung der Academischen Gebäude wären gewählt worden: da denn auch der ehedem daran gelegene, durch eine Feuersbrunst aber biß aufs Mauerwerk ruinirte, Thurm zu einem bequem gelegenem und dauerhaftem *Observatorio* vielleicht hätte können wieder hergestellet werden. Man würde auch noch jetzt, da man so viele Schwierigkeiten zur Erweiterung des Bibliothec-Gebäude gefunden hat, über die gantze Erste Einrichtung sich zu verwundern Ursache haben, wenn der bey Anlegung derselben zum Grund gelegte Plan nicht zur Genüge bekannt wäre.

Wir kehren also nun zur Einrichtung der Universität selbst zurück, nachdem wir von denen, nach und nach angekommenen, Ersten Lehrern aller Facultäten das vorzüglichste schon berühret haben. Außer den bißher angeführten sehr nöthigen Stücken, fehlete es der Neuen Universität noch an zweyen eben so nöthigen und unentbehrlichen Dingen: nehmlich an wohleingerichteten Druckereyen, und guten Buchläden, als an welchen beyden, aller angewandten Mühe ungeachtet, noch ein großer Mangel sich zeigte. Alle dißfalls angewandte, noch immer aber fehlgeschlagene, Bemühungen hier anzuführen, würde eine mühsame und doch vergebliche Arbeit seyn; wir wollen die Sache also nur kurz zu fassen suchen. Da die schon vorhandene, unter der Stadtmagistrats Jurisdiction stehende, Hagersche Druckerey, bey unserer Ankunft die einzige in der Stadt war, und noch lange ge blieb, war mit solchen Teutsch und Lateinischen Lettern zwar versehen, die zu den Stadt-Angelegenheiten, und zum Gebrauch des *Gymnasii*, hätten zureichen können; zum Gebrauch der Universität aber bey weitem nicht hinlänglich waren. Da von des Verfassers *Uberiori in Universam Philosophiam Introductione*, zu Wittenberg 1733. und 34. der Erste Theil auf Pränumeration war gedrucket worden, und nun der Zweyte davon auf gleiche Art zum Drucke, sollte befördert werden, sahe Er sich genöthiget, die dazu unentbehrlichen Schriften auf seine Kosten zu Erfurth erst giessen zu lassen, und die übrigen waren kaum zureichend, die eben gedachte Wöchentliche Nachrichten, nebst einigen andern Kleinigkeiten, 1735. damit zu bestreiten. Weil man nun die Nothwendigkeit einer vollständigern Druckerey zur Gnüge erkannte, zugleich aber auch eine mit Neuen und Holländischen Lettern sonderlich versehene, hauptsächlich suchte; so hatte man mit einer, in Hamburg damahls befindlichen Druckerey dieser Art, sich in ganz annehmliche Tractaten eingelassen, die denn auch den guten Fortgang bekamen, daß wir bald das Vergnügen hatten, den seel. Vandenhock mit seiner wohleingerichteten Druckerey hier bey uns zu sehen; die denn in den folgenden Jahren der Universität bald zu eben so grossem Nutzen, als nicht geringern Zierde gereichet hat. Sie hatte zum Anfange aber doch noch grosse Schwierigkeiten zu übersteigen, da wegen der, den Teutschen Druckereyen bis diese Stunde noch anklebenden Vorurtheile und Gebräuche es oft an Arbeitern fehlen wolte; die denn mit großen Kosten oft musten herbey geschaffet, und zu den nöthigen Arbeiten willig gemachet und erhalten werden.

Der seel. Vandenhoeck fing aber auch bald an, die bey ihm gedruckte Sachen in eigenen Verlag zu nehmen, woraus denn die wichtige Buchhandlung nach und nach entstanden ist, die auch nach seinem Tode, so viele Jahre, unter der Aufsicht und Direction seiner hinterlassenen Wittwe, in ihrem alten Flor so glücklich zu erhalten gewußt hat *). Ob nun diese Handlung gleich von den Beschwerlichkeiten der Druckerpresse sich nachhero loß gemacht, die Hagerische aber endlich gar eingegangen ist; so sind doch so viele andere an deren Stelle nach und nach hier entstanden, daß wir über einen Mangel davon uns zu beschweren nicht die geringste Ursache weiter gefunden haben.

Wegen anzulegender Buchhandlungen hat es Anfangs, wo nicht mehr, doch nicht viel geringere, Schwierigkeiten gegeben; wenn gleich einige halb verdorbene Buchhändler von Jena, und andern Orten mehr, sich zeitig genug hier eingefunden hatten, die nach einer kurzen Zeit aber auch bald wieder verschwunden. Es hatte der bekannte Geheimte Justizrath von Meiern aber, von seinem grossen und kostbaren Werke, vom Westphälischen Frieden, die meisten Theile zu Hannover schon auf seine eigne Kosten, vor Anlegung der Universität, drucken lassen; und ob Er gleich starke *Praenumerationes* und *Subscriptiones* darauf erhalten, so wolte Er doch, weil die Auflage viel stärker gemacht war, auch von dem Ueberschuß den gehofften grossen Nutzen noch gerne ziehen.

*) Als der Verfasser dieses schrieb, war des seel. Vandenhoek's hinterlassen Wittwe noch am Leben; von deren hinterlassenem Testament hernach noch zu gedenken seyn wird.

ziehen. An baare Bezahlung war nun aber wohl weiter nicht zu gedenken, noch weniger von Buchhändlern dergleichen zu erwarten. Um die noch vorhandenen Exemplarien also doch zu nutzen, und, so viel möglich, zu versilbern, ließ man, nach andern vergeblichen Versuchen, einen Menschen, der in seiner Jugend von der Buchhandlung etwas mochte gelernet, in Frankfurth aber einen Comödianten bißher abgegeben hatte, hieher kommen, gab Ihm einige Theile der vorhandenen *Actorum Pacis* hin, um dieselben, theils baar zu verkaufen, theils gegen andere Bücher mit Buchhändlern zu vertauschen, und solche sodann zu versilbern, und also eine Art von Buchhandlung damit allhier anzulegen, der man auch den Nahmen einer Privilegirten Universitäts-Buchhandlung bald hernach beyzulegen Mittel gefunden hatte. Weil der neue Buchhändler aber, entweder nicht so viele Acta Pacis gleich versilbern konnte, als man wohl wünschte, oder auch die durch Tausch von andern Buchhändlern erhaltene Bücher nicht sogleich baar wieder abgesetzet, und verkaufet werden konnten, vielleicht auch mehr Geld mochte ausgegeben seyn, als würklich eingenommen, oder man zu thun bevollmächtiget gewesen seyn mochte; so ward gedachter Vorgesetzter seiner Dienste bald entlassen, und man ließ einen andern, ordentlich ausgelernten, Buchhändler aus einer bekannten Handlung in Nürnberg hieher kommen, dem die Sache sodann übergeben wurde. Wie lange es mit diesem allhier gedauret, wie man auch Ihn einer Untreu beschuldigen wollen, (deswegen er sogar gefangen gesetzet wurde), wie man, an dessen Stelle, zween Gebrüder aus Berlin hieher kommen lassen, davon der Eine vielleicht noch in hiesigen Landen am

Leben ist, und was es mit diesen für eine Beschaffenheit gehabt habe, was für weitläuftige, und zum Theil ganz fruchtloß abgelaufene Projecte von ihnen gemacht, wie auch eine eigene Buchdruckerey von ihnen angelegt, ein eigen Hauß dazu erkaufet, und zu den habenden Absichten eingerichtet worden; wie endlich der Hr. von Meiern, der einen grossen Theil von seiner Frauen Vermögen auf alle diese große Unternehmungen verwandt hatte, und unter diesen Troublen, ohne einen Ausgang davon zu sehen, verstorben sey; von allem diesen, und was mit und dabey vorgegangen, ließ sich fast ein eigenes Werk schreiben, (da der Verfasser sonderlich einige Rollen daben selbst mit spielen müssen,) wenn es der Mühe sich verlohnte. Allem Ansehen nach hatte der Herr von Meiern ausgerechnet, oder auch von andern ausrechnen lassen, wie stark die Acta Pacis etwan werden könnten; wie viel solches sich an Druck und Papier betragen würde, wenn etwan Ein oder mehrere Tausend Exemplarien von jedem Tome sollten abgedruckt werden; was für Summen hingegen heraus kommen würden, wenn jeder Tom mit einem *Louis d'or*, und noch drüber bezahlet würde: und von dem grossen Ueberschusse waren vielleicht schon Schlösser in der Luft erbauet, die aber alle bald, wie ein Nebel vor der Sonne verschwunden. Der Verfasser kann inzwischen dieses grosse und kostbare Werk selten ohne Rührung ansehen; und hat dabey oft bedauret, daß der Hr. von Meiern durch sein ungestümes, und ungeduldiges Betragen dabey viel gutes gehindert, so bey der Gelegenheit noch hätte können gestiftet werden. Er war inzwischen doch die fürnehmste Ursache, daß der, die Leipziger Gelehrte Zeitungen damahls vorzüglich schreibende von

Steinwehr,

Steinwehr, von dortaus hieher gezogen wurde, der angelegten Neuen Buchhandlung zum Besten, eine Gelehrte Zeitung zu verfertigen, deren Erster Jahrgang von 1739. auch, im Verlag dieser nun schon privilegirten Universitäts-Buchhandlung, (wie auf dem Titel selbst stehet,) zum Vorschein kam; die auch in demselben Jahr die mit des seel. Heumanns schönen Zusätzen vermehrte Ausgabe von *Conringii Antiquitatibus Academicis*. 4. durch ihre eigene Druckerey zu Stande brachte, welches denn der Handlung beynahe eben so viel Ehre machte, als die mühsame und gelehrte Ausarbeitungen des Werks selbst, das eben zu rechter Zeit erschien, ihrem Verfasser. Warum jetztgedachter Hr. v. Steinwehr aber nach wenigen Jahren von hier wieder weg, und nach Frankfurth an der Oder, gegangen, wo er vor einigen Jahren auch verstorben ist, wird sich hernach, bey einer bessern Gelegenheit, zeigen lassen, wenn wir die, mehr und mehr sich nähernde, so feyerliche Inauguration der Universität erst zurück gelegt haben; da wir denn auch von denen inzwischen allhier heraus gekommenen Schriften noch etwas werden nachholen können.

Ehe wir jedoch dahin kommen, müssen wir von einigen, vorher hier noch angestellten Professoren etwas gedenken. Zum Professor der Orientalischen Sprachen war Herr *Cotta* aus Tübingen, hieher berufen, der, nebst dem Herrn Heumann hernach, eine *Professionem Theologiae extraordinariam* zugleich erhielte. Weil man aber entweder glaubte, daß Er den Orientalischen Sprachen nicht völlig gewachsen wäre, oder es Ihm an einem deutlichen Vortrag fehlete; so konnte Er keinen grossen Beyfall in seinen Vorlesungen erhalten, welches denn auch hauptsächlich machte, daß Er nach der Inauguration auch bald wieder von hier ging. Bey der Juristen Facultät war der s. Ayrer, aus Leipzig angekommen, der bey einem Grafen von Vitzthum als Hofmeister bis dahin gestanden hatte, und den *Gradum* eines *Doctoris Juris* bey hiesiger Facultät suchte. Wie Er zu dem Ende nun einem *Examini* sich unterwerfen, auch eine Disputation halten mußte, und beydes mit allgemeinem Beyfall verrichtet hatte; so nahm Er seine Disputation, ging damit nach Hannover, und kam mit einer *Professione Juris Extraordinaria* von dort wieder zurück: worauf Er, kurz nachhero, wieder nach Leipzig gieng, und die mit einer reichen Kaufmanns Wittwe, (vermuthlich schon vorher verabredete) Heyrath vollzog: von da Er denn auch nach erhaltenem *Prædicat* eines Königl. und Churfürstlichen Raths, mit seiner ganzen Familie sich hieher begab, und bey der bevorstehenden Inauguration zum *Profeß. Juris Ordinario* mit ernannt wurde. Bey der Philosophischen Facultät ward, fast zu gleicher Zeit, der seel. Penther, als *Professor Oeconomiae* mit angesetzet, der vorhero als Gräfl. Stollbergischer Rath zu Wernigerode sich aufgehalten hatte, und daher ein gleiches Prädicat auch allhier erhielte. Endlich war ein junger rüstiger Mann, der einige Zeit vorher, als *Adjunctus* der Philosophischen Fakultät zu Halle sich aufgehalten, auf Reisen hernach gegangen war, Ludewig Martin Kahle, bey seiner Zurückkunft aus England auch zum *Professore Philosophiae* allhier ernannt; und hiemit das ganze Corpus Professorium, vor der Inauguration, endlich geschlossen; da Herr Senkenberg, bey Gelegenheit des Herrn Ayrers, auch die Professionem

Juris

Juris *Ordinariam* erhalten, nach der er schon lange gestrebet hatte. Daß dieses alles im Nahmen des **Königs**, oder doch der **Königlichen Regierung**, geschehen, verstehet sich wohl von selbsten. In der That aber war der Herr von **Münchhausen**, der zu derselben Zeit zugleich **Großvoigt** war, diejenige Person, durch deren Hände alles ging, und von deren Entschließung fast allein alles abhing: so gar daß der Geheimterath und Oberappellationepräsident von **Wriesberg**, der einige Tage bey einer Durchreise sich allhier aufhielt, kein Bedenken trug, bey einem Ihm eröffneten *pio desiderio* zur Antwort zu ertheilen: „sagen sie das ihrem Herrn von Münchhausen, der kann alles, wenn Er nur will,„ die Herrn *Secretarii* zu Hannover, die dabey mit gebraucht wurden, hatten inzwischen dabey auch ihre volle Arbeit, da oft ganze Plane, die mit vieler Mühe von Ihnen zu Stande gebracht waren, mit Einem Federstrich oft wieder vereitelt wurden; der unzählichen Rescripte, die fast alle Wochen bey der Universität eingingen, nicht zu gedenken.)

Die meisten Professoren, die von so verschiedenen Orten hieher gerufen waren, blieben inzwischen noch immer sehr mißvergnügt, da es fast an allen, zur Bequemlichkeit des menschlichen Lebens unentbehrlichen Dingen fast noch immer fehlete, und hatten daher in allen, an ihre zurück gebliebene Freunde geschriebenen Briefen noch Klagen darüber geführt, so daß Göttingen darüber Anfangs in einen sehr üblen Ruf kam, der ihm denn nicht eben zu großer Aufnahme dienen konnte, sonderlich da an bequemen Stuben und Speisen-Anstalten noch immer ein nicht geringer Mangel sich zeigte. Sowohl dem Magistrat

Magistrat, als den mehresten Einwohnern der Stadt war auch die Errichtung der Universität nicht eben sehr gelegen, und machten daher bey den kleinsten Dingen oft die größten Schwierigkeiten. Sonderlich war es vielen sehr unangenehm, daß sie ihre sogenannte Ohle Wiese (Alte Weise und Gewohnheiten) solten fahren lassen, so daß wenn man einen Bürger und Handwerksmann, die gute Verdienste von den Universitätsverwandten hatten; zuweilen fragte: ob er bey seinem Verdienst sich nun nicht besser befinde, als ehe die Universität hierher gekommen wäre, man gemeiniglich die Antwort hören muste, daß sie doch wünschten, daß es bey der Alten Weise geblieben wäre. Der größte Haufen des gemeinen Mannes hatte auch von der Universität, von der sie so viel reden hörten, noch immer den schlechtesten Begriff, so daß sie noch immer, so oft sie nur Einen oder ein Paar beladene Frachtwagen ankommen sahen, in der Meynung zusammen liefen, daß man nun die Universität brächte: gleich als ob solche in Kasten, oder Tonnen, eingepackt, und fortgeschaffet werden könnte. Ob der alten Göttinger ihre Lebensart, und Haushaltung, aber so schlecht gewesen, wie von vielen wohl vorgegeben ward, und wie der seel. Gesner in einem Lateinischen *Programmate* sie einmahl beschrieben, eben dadurch aber vielen Haß gegen sich und seine Familie, zugezogen hatte, lassen wir billig dahin gestellet seyn. Kein Wunder wäre es inzwischen wohl, wenn die Einwohner der guten Stadt, bey denen, biß zum Anfang dieses Jahrhunderts fast fortgedauerten, Kriegstrubeln von ihrem ehemahligen Wohlstande, in dem sie ihrem Landesherrn, (oft freywillig, oft auch aus Noth,) mehr als Ein tausend Mark löthigen itzthigen Silbers vorschiessen, auch Sie mit Ihrem ganzen Hofstaat und Gefolge oft viele Tage prächtig bewirthen können, dergestalt endlich herunter gekommen war, daß sie nicht allein in grosse Schulden darüber gerathen, sondern auch das aller nöthigste kaum selbst übrig behalten hatten. In der That ist es auch sehr betrübt in obgedachter Beschreibung zu lesen, daß, nach Endigung des für ganz Teutschland so verderblichen dreyßigjährigen Krieges, und der darin ausgestandenen harten Belagerungen, Eroberungen, Plünderungen, Feuersbrünsten u. d. m. von tausend wohl bewohnbaren Häusern der Stadt, nur 460. von Einwohnern und Fremden noch bewohnet worden; von den übrigen aber 179. ganz herunter gefallen, oder niedergerissen, 237. aber ledig und wüste gestanden, und 137. bloß einigen Wittwen zu ihrem elenden Aufenthalt noch gedienet hätten; und daß von allen diesen Drangsalen die Stadt erst, seit Georg Ludwigs, des Ersten, Churfürsten und Königs in Engeland, 1698. angetretenen glücklichen Regierung, sich wieder etwas zu erhohlen angefangen. Da diese glückliche Zeiten nun unter Georg *II.* fortgedauert, und vielleicht einen Bewegungsgrund zur Anlegung der Universität alhier mit abgegeben; so kann es leicht seyn, daß es Ueberbleibsel der alten Verwüstungen und Verheerungen noch gewesen, die wir alhier gefunden, und die gemacht haben, daß der Ort uns so unangenehm, und zu Anlegung einer Universität so ungeschickt unbequem geschienen.

Wir müßen zu unserer Universität aber wieder zurück kommen, und immer froh seyn, daß wir von den vorigen Beschwerlichkeiten, und Unglücksfällen, nicht noch mehr mit auszustehen, vor uns gefunden haben; wenn gleich nicht zu läugnen ist, daß einige derselben noch erträglicher hätten werden können, wenn mit vielen Dingen nicht sonderlich verfahren, und die dazu nöthigen Kosten nicht so zur Unzeit, und an unrechten Ort, wären gesparet worden, die hernach doppelt oft musten verwendet werden.

Da unter der Ersten Anlage der Neuen Academiker sich verschiedene fanden, die nicht eben von der gesetztesten Art, wie oben schon gedacht ist, waren; so kann man leicht denken, daß, ausser vielen andern Unfug, es an allerhand Händeln, Schlägereyen und andern Verdrießlichkeiten auch nicht werde gefehlet haben. Diesen also, so viel möglich vorzubeugen und zu steuren, ward 1735. schon der Zuschnitt zu einem Duell-Mandat gemacht, über deßen Einrichtung und Bestimmung der darin festzusetzenden Strafen verschiedene Zusammenkünfte des ganzen Concilii Academici musten gehalten werden. Auch hieße es aber: *quot capita, tot sensus*; und wenn Ein Theil davon etwann ein wenig zu gelinde, so war ein Anderer dagegen oft besto strenger, und wurde daher sehr schwer, sie alle unter Einen Huth (nach dem gemeinen Sprichwort) zu bringen. Die meisten Schwierigkeiten fanden sich aber bey denjenigen Strafen, die auf ein förmliches Duell, und deßen sogenannten Secundanten, sollten gesetzet werden; was ferner zu thun sey, wenn Einer von den Duellanten auf der Stelle geblieben; was mit dem Entleibten vorzunehmen; wie mit dem Mörder, wenn er zur Haft könnte gebracht werden, zu verfahren; wie es mit den dabey gewesenen sogenannten Secundanten

danten zu halten? und was dergleichen Fragen, und Umstände, mehr waren. Nach langen überlegen, und streiten, gewann die strengeste Parthey endlich die Oberhand, und wurden meist solche Strafen festgesetzt, von denen sich doch leicht voraussehen ließ, daß sie unmöglich würden können vollzogen werden, ja daß es ein wahres Unglück für die Universität seyn würde, wenn sie ja zur Vollziehung sollten gebracht werden. Die gelindere Parthey mußte also hoffen, daß man bey der, höhern Orts zu suchenden, Bestättigung der entworfenen Gesetze noch vieles von der zu übertriebenen Strenge mildern würde. Wider alles Vermuthen aber sahen Sie sich in ihrer Hoffnung betrogen, und das Duell-Mandat wurde so bestättiget, und *publicirt*, wie es hier im Concilio war entworfen worden. Es war aber kaum öffentlich bekannt gemacht, da man schon einzusehen anfing, was von der gelindern Parthey war besorgt worden, und wurden daher bald, durch so viele wiederholte Rescripte, so viele *Restrictiones*, *Limitationes*, *Dispensationes*, u. s. w. davon gemacht, daß *Prorectores*, die doch in ihrem Prorectorats-Eyde öffentlich mit darauf verpflichtet wurden, zuletzt kaum selbst mehr wusten, was, und wie viel, davon noch ferner gelten sollte; biß es endlich fast ausser allen Gebrauch gekommen ist, die Zeiten auch dergestalt sich nach und nach geändert haben, daß man dessen fast ganz überhoben seyn können. Gleiche Beschaffenheit hatte es auch mit dem, bey nahe zu gleicher Zeit bekannt gemachten, Credit-Edict: nur daß die dabey vorfallende Schwierigkeiten bey weitem von der Wichtigkeit nicht waren, wie bey jenem sich äusserten; ob sie gleich einen nicht geringen Einfluß in dem blühenden

Zustand

Zustand der Universität haben, auch biß diese Stunde noch nicht völlig haben können gehoben werden.)

(Da die neu ankommende *Professores* noch keine andere Gelegenheit hatten, ihre zu haltende *Collegia* den vorhandenen Studiosis bekannt zu machen; so ließ ein jeder zu dem Ende ein Lateinisches *Programma*, von Ein oder ein Paar Bogen, drucken, wozu der Verfasser denn auch den Anfang gemacht hatte. Weil die Profeßio *Logices* und *Metaphysices* Ihm nun aufgetragen war, wo Er den richtigen Gebrauch der Menschlichen Vernunft anzuweisen hatte, welches denn wohl einen der wichtigsten Theile der gesamten Philosophie mit ausmacht, und bey Gelegenheit der damahls so hitzig betriebenen Wolfischen Streitigkeiten, sich welche gefunden hatten, die den nützlichen Gebrauch aller Philosophie in Zweifel zu ziehen schienen, ja wohl gar den von einigen Alten ehedem erregten Zweifel: ob die Vernunft mit Recht als ein besonders Geschenke der Götter (der Gottheit) anzusehen sey? wieder aufwärmen wollten; so hielte der Verfasser nicht unschicklich zu seyn, den hierbey vorkommenden Schwierigkeiten beym Antrit seiner Profeßion, so viel möglich, zu begegnen, und warf daher in seinem *Programmate* die Frage auf: *Brutumne esse, an Ratione uti praestet?* wovon sich aber hier keine weitere Beschreibung geben läßt. Eben so wähleten die meisten der nachfolgenden Professoren zu ihren herausgegebenen Programmaten andere, ihren Profeßionen gleichfals ähnliche, Materien, welches denn der Königl. Regierung, (vielmehr dem hohen *Curatori* der Neuen Universität,) so wohl gefiel, daß Sie die zu solchen Programmatibus nöthige Druckerkosten aus eigener Bewegung zu bestreiten,

streiten, übernahmen: die denn in vorgedachten wöchentlichen Nachrichten größten Theils mit angezeiget stehen. Eben so hatte der seel. Albrecht, da Er hier angekommen war, ein *Programma* geschrieben, darin Er seine zu haltende *Lectiones* gleichfals bekannt machte, die nicht allein die mehresten und wichtigsten Theile der Medicin, sondern auch einige Theile der Mathematic mit betrafen; übernahm zugleich die Anatomie von zween Männlichen Cadavern, an einen, zu diesen Operationen höchst unbequemen Ort, brachte oft ganze Tage bey ihnen darin zu, ließ inzwischen auch eine *Paraenesin ad Artis Medicinae Cultores* dazu drucken, laß dabey zum Theil die angezeigten *Collegia*, und hielte die jetzt angezeigte Erste *Inaugural* Disputation und Promotion hieselbst, und das alles in einer Zeit von wenigen Monathen, war bey diesem allen, allem Ansehen nach, auch hitziger zu Werke gegangen, als seine vorher schon geschwächte Gesundheit ertragen konnte. — Er ward also gegen das Ende 1735. gefährlich krank, und starb nach einer kurzen Zeit den 7. Januar 1736. So sehr die Neue Universität den abermahligen Verlust eines so geschickten und eifrigen Mannes zu bedauren abermahl Ursach hatte, so war es doch ein großes Glück für sie, daß die erledigte Stelle durch eine so wichtige Person, als der seel. Haller war, so bald konnte wieder besetzet werden, wie wir oben schon gesehen haben.

Zu den Ersten Einrichtungen, die bey der neuen Universität vorkamen, gehöret auch noch die von den Herren Theologen angestellten Ascetischen Ermahnungen, zu denen der D. Heumann auf dem, unter seiner Aufsicht stehenden, Paedagogio schon den Grund geleget hatte, da Er des Sonntags, nach geendigter Nachmittags-Predigt, mit den eigentlichen Gymnasiasten der Obersten Classe in seinem Privat-Auditorio dergleichen schon angestellet hatte. Da die Ersten Theologen, Oporin, und Crusius, also hier angelanget, und gehörig dazu eingerichtet waren, wurde nicht lange nachher von Hannover aus verordnet, alle Sonntage dergleichen umwechselnd in ihren *Auditoriis* gleichfals anzustellen, welches von Ihnen denn auch in einer, so genannten, Erwecklichen Einladung allen, zu Göttingen Studirenden, im October-Monath 1736. bekannt gemacht wurde. Weil bey diesem neuen Institut aber die Anzahl der Zuhörer zuweilen so stark angewachsen, daß in den Privat-Auditorien sich nicht Platz genug für sie gefunden, die Universitäts-Kirche hingegen nun so weit schon in den Stand gesetzet war, daß solche Versammlungen bequem darin konnten gehalten werden; so ward solche bald dazu gewählt. Es entstand aber bald die Beschwerlichkeit daraus, daß die Herren Theologen sich genöthiget sahen, die darin angelegte Canzel dabey zu betreten; welches denn dem seel. Oporin aber sowohl, als dem hernach dazu gekommenen Feuerlein, sehr beschwerlich fiel, da sie vorher dergleichen zu thun, nie gewohnt gewesen waren: weil die aus solchen Lectionibus Asceticis bald entstandene Sonntags-Predigten Ihnen auch eben so beschwerlich fielen, so sahe man sich genöthiget, (um den einmahl in der Universitäts-Kirche angefangenen öffentlichen Gottesdienst nicht wieder eingehen zu lassen,) einen eigenen Universitäts-Prediger zu bestellen; zu welchem denn der in Wien damahls, als Dänischer LegationsPrediger stehende seel. Kortholo

zu

zu Erſt hergerufen wurde, von dem gleichfals hernach noch etwas zu gedenken ſeyn wird.)

Zu den, zur mehrern Sicherheit und Bequemlichkeit der Stadt und Univerſität, gereichenden Anſtalten, gehören auch die im September 1735. allhier ſchon angelegte neue Schaar-Nacht-Wache, ſowohl, als die kurz nachhero durch die ganze Stadt aufgeſtellten Gaßen-Laternen, auf deren Verletzung harte Strafen in öffentlichen Anſchlägen geſetzt wurden. So nöthig und nützlich aber beyde auch waren, ſo geriethen ſie doch der Stadt, welche die nicht geringen Koſten dazu alleine übernehmen mußte, zu einer nicht geringen Beſchwerde, und halfen daher, den ſchon vorher gegen die Univerſität, und was zu derſelben nur gehörte, gefaßten Unwillen nicht wenig vermehren.

Da aus dieſen, und andern dergleichen Urſachen nun es überall noch groſſe Schwierigkeiten ſetzte, wenn man von täglich vorkommenden Nothwendigkeiten etwas wollte verfertiget haben, auch an einigen der Univerſität unumgänglich nöthigen Künſtlern, und Handwerkern es noch fehlete; ſo fand man dienſtlich, der Univerſität ſelbſt dergleichen, als ihrer Gerichtsbarkeit alleine unterwürfige Bürger, zuzugeben: welches denn bey den andern, ſchon gegenwärtigen nach und nach gute Beyſpiele, und Nacheiferungen endlich erregete. Auch bey dem Poſtweſen fanden ſich damahls noch groſſe Unordnungen, und Schwierigkeiten, denen gleichfals nicht anders, als nach und nach, konnte abgeholfen werden; da ſolches gänzlich in den Händen der Gräflich Platenſchen Familie ſtand, auf deren Koſten es, dem Vernehmen

nehmen nach, in hiesigen Landen zuerst angeleget worden, und von deren Befehl also der in Göttingen befindliche Postmeister auch allein abhinge. Briefe und Paketer, sowohl ankommende, als abgehende, wurden nicht allein bloß nach Gefallen, und Willkühr geschätzet; sondern auch, welches das Verdrießlichste war, das *Franco* darauf oft ausgestrichen, daß was schon einmahl bezahlet war, sehr oft noch einmahl muste bezahlet werden; und was dergleichen Unordnungen und Beschwerlichkeiten mehr waren. Es wurden jedoch von Seiten der Königlichen Regierung, auf die, von hier aus wiederholte, Klagen, bald solche Anstalten dagegen gemacht, daß man weiter sich zu beschweren, keine Ursache fand; wurden auch mit den nächst angränzenden Kaiserlichen, Preußischen, Heßischen, und andern Postämtern, gute Vergleichungen dieserhalb getroffen. Am längsten daureten noch die Schwierigkeiten bey den fahrenden Posten, von und nach hiesigen Gegenden, die, aller übernommenen Bemühungen und aufgewandten Kosten ungeachtet, noch in etlichen Jahren nicht gänzlich konnten gehoben werden, wodurch denn der Anwachs der Universität nicht wenig mit gehindert wurde; biß endlich auch diese Schwierigkeiten, durch die unermüdete Sorgfalt, und fortdaurende Beschäftigung, unsers großen Stifters und *Curatoris*, auch gänzlich gehoben wurden.

Noch ein Paar Umstände aber müssen wir, ehe wir von der Beschreibung der Stadt, des gemeinen Wesens darin ganz zurück kehren, noch mit berühren.